CHRIS KRAUS

EHRGEIZ, DEMUT, GLÜCK – TEXTE ZU KUNST UND FREUNDSCHAFT

Aus dem Amerikanischen übersetzt von
Heike Geißler und Kevin Vennemann

August Verlag

INHALT

EHRGEIZ, DEMUT, GLÜCK

Dieses Gespräch erschien ursprünglich aus Anlass von *The Shelf Project* für eine Broschüre der *Baltischen Triennale* im *Contemporary Art Centre* (CAC) in Vilnius. Die Kuratorin Justina Zubaitė hatte uns, Hedi El Kholti und Chris Kraus, eingeladen, einige unserer Lieblingsbücher auszuwählen und sie als Teil einer größeren Ausstellung zu präsentieren. Wir entschieden uns für 35 Bücher und sprachen dann über einige von ihnen. *The Shelf Project* bestand aus den folgenden 35 Titeln:

Alles zerfällt von Chinua Achebe
Zwanzig Jahre sozialer Frauenarbeit in Chicago von Jane Addams
Vater Goriot von Honoré de Balzac
SauErde von John Berger
Die tote Gemeinde von Georges Bernanos
Telefongespräche von Roberto Bolaño
Zwei sehr ernsthafte Damen von Jane Bowles
Insensatez von Horacio Castellanos Moya
Leben und Denken wie die Schweine von Gilles Châtelet
Das nackte Brot von Mohamed Choukri
Die Schlampen von Dennis Cooper
Journal d'un innocent von Tony Duvert
Meine geniale Freundin von Elena Ferrante
Airless Spaces von Shulamith Firestone
Dem neuen Sommer entgegen von Janet Frame
Koma von Pierre Guyotat
The End of a Primitive von Chester Himes
Torpor von Chris Kraus

Three Month Fever von Gary Indiana
Notice von Heather Lewis
Fous d'Artaud von Sylvère Lotringer
Ein Sohn der neuen Welt von Mary McCarthy
Unseliges Wunder. Das Meskalin von Henri Michaux
Peyote Hunt: The Sacred Journey of the Huichol Indians von Barbara Myerhoff
Cool for You von Eileen Myles
Heute wär ich mir lieber nicht begegnet von Herta Müller
Towazugatari von Go-Fukakusain no Nijō
Alma, or the Dead Women von Alice Notley
The Sad Passions von Veronica Gonzalez Peña
Die Preisgabe von James Purdy
Mercury von Ariana Reines
Huesos en el desierto von Sergio González Rodríguez
Absence Makes the Heart von Lynne Tillman
The Criminal von Jim Thompson
Die Ästhetik des Widerstands von Peter Weiss

CHRIS KRAUS: Ich habe John Bergers *SauErde* ungefähr zur Zeit seines Erscheinens gelesen, 1979, 1980.[1] Sein Buch *Sehen* war, als ich in Neuseeland studiert hatte, ein alter Liebling der Linken gewesen, und vielleicht auch überall sonst.[2] *Sehen* ist ein großartiges Buch, obwohl es oft dazu benutzt wurde, Diskussionen über bildende Kunst mit Leuten wie uns zu vermeiden, die nicht viel Ahnung hatten.

Jedenfalls befand sich der Autor und Kritiker Berger in Großbritannien auf einem der Höhepunkte seines

[1] Vgl. John Berger, *SauErde. Geschichten vom Lande*, Frankfurt am Main 1982.
[2] Vgl. John Berger, *Sehen. Das Bild in der Welt der Bilderwelt*, Frankfurt am Main 2016.

Ruhms, als er entschied, mit seiner Familie in ein kleines Dorf in den französischen Alpen zu ziehen – nicht nur für den Sommer oder für ein Sabbatjahr, sondern dauerhaft. Er und seine Frau kauften einen kleinen Bauernhof, und sie arbeiteten auch auf den dazugehörigen Feldern. In der Einleitung zu *SauErde* beschreibt er sehr wortgewaltig seinen Wunsch, sich auf eine ländliche Kultur und Lebensweise einzulassen, bevor sie gänzlich verschwinden. Dieses Buch ist also eine Art Anthropologie, jedoch eine sehr literarische. Es ist von einer sehr persönlichen Dringlichkeit getrieben.

Ich weiß noch, wie ich in den frühen 90er-Jahren ein wundervolles Buch der Anthropologin Barbara Bode gelesen habe, die in das peruanische Gebirgstal Callejón de Huaylas gezogen war, in dem es wenige Monate zuvor ein katastrophales Erdbeben gegeben hatte. Sie hatte gerade ein Kind verloren und sehnte sich danach, ganz von ihrer Trauer umgeben zu leben. Ihr Buch *No Bells to Toll* zeigt sie zwar als ausgebildete Anthropologin, doch wenngleich sie als Fremde und Forscherin immer und umständehalber außerhalb dieser Kultur steht, wird sie als Trauernde zu einem Teil von ihr.[3]

In *SauErde* gibt Berger einige Geschichten wieder, die er in der Nachbarschaft gehört hat, aber auch selbst beobachtete Zwischenfälle. Das Material in *SauErde* wäre niemandem zugänglich gewesen, der sich auf der Durchreise nur mal so erkundigt – es basiert auf Vertrauen, das aus persönlichen Beziehungen entstanden war. Und, sicher: Lange genug vor Ort zu sein, um

[3] Vgl. Barbara Bode, *No Bells to Toll. Destruction and Creation in the Andes*, New York 1989.

solche Beziehungen aufbauen zu können, bedeutete, andere Dinge aufgeben zu müssen. Das Buch ist sowohl bescheiden als auch grandios. Es gibt darin keinerlei Polemik, und Berger zieht keine strukturellen Schlüsse – doch natürlich sind sie dem Text eingeschrieben.

Als ich in den südlichen Adirondacks lebte, begegnete ich einer außergewöhnlichen Frau, Christine Macdonald, die die Stadtbibliothek von Glens Falls leitete. Sie war vom East Village in New York City nach Glens Falls gezogen, weil sie Teil einer ländlichen Kultur sein wollte, von der sie wusste, dass sie in ein paar Jahren verschwinden würde. Darüber hinausgehende Ambitionen hatte sie keine.

SauErde steht für mich exemplarisch für diese Idee des „investigativen“ Schreibens. Investigatives Schreiben ist unmöglich ohne Demut ... Berger bleibt im Buch anwesend als der, der er ist, doch er gibt auch einen Teil von sich auf, um an Informationen zu gelangen. Dieses Eintauchen zeigt die Bereitschaft des Autors, sich durch die Erfahrung verändern zu lassen. Diese Methode scheint sich sehr von der Form des „persönlichen Essays“ zu unterscheiden, die in den letzten Jahren in den USA und in Großbritannien so beliebt geworden ist. Vielleicht geht es gar nicht so sehr um die Frage, ob es sich bei einem Text nun um Fiktion oder Nicht-Fiktion handelt, ob man in der ersten oder in der dritten Person erzählen soll – sondern vielmehr nur um Immersion. Du hast Gary Indianas *Three-Month Fever* ausgesucht, was ich für ein brillantes Beispiel dafür halte. Vor Kurzem hat Alessandro Berni ein Interview mit Indiana geführt und dabei Gore Vidal zitiert, um Garys Zugang zum Buch zu beschreiben: „Wenn du in das Gesicht eines Mörders sehen willst, schau einfach in einen x-beliebigen Spiegel."[4]

HEDI EL KHOLTI: *Three-Month Fever* war mir vom Künstler John Boskovich empfohlen worden. Garys Porträt von Andrew Cunanans fragiler Subjektivität gelingt es, zugleich emphatisch zu sein und ein hohes Maß an moralischer Integrität beizubehalten. Das Buch antizipiert und diagnostiziert eine Art psychische Malaise, die mittlerweile alltäglich geworden ist, bei der sich in Kinos, an Schulen, bei Marathons und andernorts regelmäßig „unerklärliche" Gewaltakte vollziehen. Wenn die Täter Muslime oder Ausländer sind, nennt man das Terrorismus, und man ermahnt uns, unsere „Lebensweise" und unsere „Freiheit" zu verteidigen, die von diesen Eindringlingen gefährdet werde. Wenn sie aber hier geboren sind, haben wir keine Erklärung. Und ich denke, das ist eine der Operationen, die das Buch durchführt. Mit großer Sorgfalt zeigt es die größeren sozioökonomischen Zusammenhänge, innerhalb derer sich die Geschichte entwickelt. Es stellt eine Vorlage zur Verfügung, mit der sich diese Ereignisse auch unabhängig vom Schrecklichen und Persönlichen betrachten lassen. Es ist die Geschichte von einer gescheiterten Assimilation, von einer Transplantation, die nicht verfängt, oder vielleicht nur von missverstandenen Zeichen, mit denen wir in Amerika bombardiert werden und die wir für selbstverständlich

[4] Alessandro Berni, „'I'm not running away from New York just because I'm dying.' Face to face with Gary Indiana", https://artefuse.com/2014/01/07/im-not-running-away-from-new-york-just-because-im-dying-face-to-face-with-gary-indiana/ [Letzter Zugriff 5.9.2023].

halten – deren Nuancen jedoch unglaublich schwer zu entziffern sein können, wenn du in einer anderen Kultur aufgewachsen bist. Die wenigen Seiten über Cunanans Kindheit in unmittelbarer Nähe zu etlichen Militärbasen im Landkreis San Diego, der auf eine Art als entleert und prekär dargestellt wird, sind auf herzzerreißende Weise schön und traurig. Cunanan versucht, als südamerikanischer Jude durchzugehen – was eine Verbesserung ist im Vergleich zu seiner Herkunft aus der philippinischen Unterschicht. Garys Porträt von Cunanan entlarvt seine Naivität. In der in sich geschlossenen und nur halb geouteten schwulen Community von La Jolla, einem wohlhabenden Vorort von San Diego, ist er in einem Narrativ gefangen, das er selbst nicht gänzlich begreift – es geht um Status, Geld, den äußeren Schein. Er verkörpert, was Klossowski als „lebendes Geld" bezeichnet.[5] Als sein Marktwert fällt, wird er von seinem Sugardaddy, Norman Blachford, fallen gelassen, der ihm eine Art illusorischen Schutz geboten hatte. Das führt dazu, dass Cunanans fragiles Ego zerbricht.

CK: Shulamith Firestone repräsentiert eine andere Art Außenseiterin – eine, der die Welt keinen Platz zugestehen will … obwohl sie die meiste Zeit ihres Lebens psychisch krank war und eben keine Serienmörderin. Ich habe *Airless Spaces* für Semiotext(e) ungefähr zu der Zeit redigiert, als ich an *I Love Dick* zu schreiben begann.[6] Es war fast unheimlich – ich hatte gerade über Firestone

[5] Vgl. Pierre Klossowski, *Lebendes Geld*, Wien 2018.
[6] Vgl. Chris Kraus, *I Love Dick*, Berlin 2015.

nachgedacht, darüber, wie wichtig ihr bahnbrechendes Buch *Frauenbefreiung und sexuelle Revolution* für mich als Teenager gewesen war.[7] Und dann kontaktierte mich eine jüngere Freundin von ihr. Sie sagte, dass Shulamith ein neues Buch geschrieben hätte, und erkundigte sich, ob wir uns das Manuskript ansehen wollten. Ich sagte: „Ja, natürlich, sofort!" Das Buch war erschütternd traurig, aber auch perfekt. Nachdem sie ihre Karriere als „professionelle Feministin" aufgegeben hatte, ging es mit Shulamiths Leben steil bergab. Sie hatte schizophrene Episoden und kein Geld, weshalb sie in den städtischen Einrichtungen von New York landete, meistens im Krankenhaus Bellevue. Diese kurzen Stücke, sie nannte sie „Vignetten", handelten nicht von ihrer psychischen Erkrankung ... sie erzählten die Geschichten anderer Patienten und davon, was in solchen Einrichtungen passierte ... die kleinen und kleinlichen Hierarchien, die früher oder später in allen Institutionen entstehen.

HEK: Ja. Was ich an *Airless Spaces* liebe, ist, wie ökonomisch und unsentimental diese Vignetten sind. Die Aufzeichnungen spiegeln die Strukturen, die sie beschreiben. Und doch ist die Detailgenauigkeit wirklich erstaunlich für einen Text, der so kurz und so beherrscht ist. Ich erinnere mich an die Geschichte, die den Abschnitt „Nach der Anstalt" eröffnet, wo eine Patientin eine Jeans kaufen und flicken lassen muss, vermutlich, weil sie während der Therapie zugenommen

[7] Vgl. Shulamith Firestone, *Frauenbefreiung und sexuelle Revolution*, Frankfurt am Main 1987.

hat.[8] Firestone verwendet die dritte Person, doch es wirkt, als könne es sich genauso gut um sie selbst handeln. Auf jeden Fall betont der Wechsel zwischen erster und dritter Person, dass diese Erfahrungen einerseits spezifisch, andererseits aber austauschbar sind. Die Geschichte, in der es ja eigentlich nur um einen einfachen Kaufvorgang geht, wird zu einer regelrechten Qual, und in ihrem Verlauf werden wir des gigantischen Aufwandes gewahr, der nötig ist, um nur irgendwie mitzuhalten, und wir bemerken all die Angst, die beim Versuch aufkommt, ein extrem fragiles Gleichgewicht zu bewahren. Wir begreifen die kräftezehrende Einwirkung der Medikamente, die permanente Angst vor einem Rückfall und schließlich die allgegenwärtige, tiefgreifende Erniedrigung, die dazugehört, wenn man in dieser Gesellschaft krank ist.

Insgesamt zeichnet das Buch nach, wie desillusioniert Firestones Generation in den späten 70ern von der radikalen Politik war. Die Geschichte über ihren Bruder, über seine Verwicklung in verschiedene religiöse Kulte und über seine spirituelle Suche, die im Selbstmord endet, bricht einem das Herz.

CK: Das ist ein immer wiederkehrendes Thema in vielen der Bücher, die wir bei Semiotext(e) veröffentlichen ... die große Enttäuschung, die auf religiösen Glauben oder auf politisches Engagement folgt.

[8] Vgl. Shulamith Firestone, „Geflickt“, in Firestone, *Airless Spaces. Portraits*, Wien 2019, S. 73–75.

HEK: In diesem Moment schließt sich etwas, was Deleuze als „Eindringen des Werdens" bezeichnet: zu einem Revolutionär ohne revolutionäre Zukunft zu werden.[9] Für mich ist es interessant zu historisieren, was mit den Leuten an der vordersten Front geschieht, was nach ihrem Scheitern mit ihnen geschieht – das ist mir viel wichtiger als die Verharmlosung. Pierre Guyotats *Koma* macht Ersteres sehr gut.

CK: *Koma* beschreibt einen Zusammenbruch.

HEK: Ja, einen ganz ähnlichen Zusammenbruch, wie ihn auch Firestone erlebt hatte. Die letzten Zeilen des Buches bieten vielleicht eine Art Ruhepause:

> Nach der Klinik, Eintritt in die sanfte Depression, die langsame Heilung: Die Belohnung für diese Durchquerung des Todes ist nicht das verzauberte Schloss, das man um den Preis seines Schweißes und Blutes gewonnen zu haben glaubt, sondern eine entzauberte Welt ohne merkliche Formen und Farben, es sind glanzlose Blicke, die einen nicht mehr sehen, Stimmen, die stets einem anderen gelten als einem selbst, der man von zu weit herkommt, es ist die tägliche Pflicht zu überleben, mit einem Herz, das einfach nur Blut pumpt, ein Blut, das nicht mehr wärmt. Man muss warten. Ohne Zorn. Fleißig essen, schlafen, sich waschen, ankleiden, gehen, jeden Tag: all das fast alleine, nicht einmal mit sich selbst zur Seite:

[9] Vgl. *L'Abécédaire de Gilles Deleuze* (Pierre-André Boutang, 2004), Abschnitt „G as in ‚Gauche' (Left)".

Stoßweise, wenn auch ungeschickt, versuchen, wieder Mut zu fassen.
Geduld, Geduld.
Ende.[10]

Ich denke, wir reden über etwas, das gleichermaßen tiefgreifend und ambitioniert ist. Bescheiden in seiner Rahmensetzung, aber in der Intensität ambitioniert.

CK: Was Guyotat da schreibt, ist erstaunlich. Ich habe Chinua Achebes *Alles zerfällt* aus ähnlichen Gründen ausgewählt.[11] Achebe ist ein großer, klassischer Autor, und ich mag alle seine Bücher, doch was in *Alles zerfällt* passiert, ist spektakulär: Die ersten drei Viertel des Buches entfalten sich langsam, nämlich in jenem ursprünglichen Zeitfluss, der vor dem Aufkommen des Christentums dominiert hatte. Dann aber beschleunigt sich alles – die Dorfkultur ist unwiederbringlich verloren, die Dörfler haben ihre primitive „Grausamkeit" aufgegeben und sind zu einer europäischen Zeitwelt aus Zielen, Vergleich und Ängsten übergetreten. Es ist ähnlich wie das, was du über *Airless Spaces* sagst: Das Buch spiegelt die Strukturen, die es beschreibt.

HEK: Ich habe das Buch nicht gelesen, aber es klingt wirklich sehr gut.

CK: Wir könnten über die Bücher, die wir für dieses Regal ausgewählt haben, nun aber vielleicht auch in

[10] Pierre Guyotat, *Koma*, Zürich 2018, S. 187.
[11] Chinua Achebe, *Alles zerfällt*, Frankfurt am Main 2014.

Bezug auf ihre Intensität sprechen. Diesen Sommer habe ich Catherine Laceys *Niemand verschwindet einfach so* gelesen.[12] Ich konnte nicht anders, als es mit Janet Frames *Dem neuen Sommer entgegen* zu vergleichen, einem Roman, den ich ebenfalls für das Regal ausgewählt habe.[13] Als Neuseeländerin, die versuchte, im London der 1960er-Jahre eine Karriere als Schriftstellerin zu starten, findet sich Frame in einem fremden Land entfremdet wieder. Sie war ungefähr dreißig Jahre alt und hatte fast ein Jahrzehnt in einem Krankenhaus in South Island verbracht – fälschlicherweise wegen einer psychischen Erkrankung eingesperrt; sie beschreibt diese Erfahrung in ihrem ersten Roman *Wenn Eulen schrein*.[14] Frame war schmerzhaft schüchtern, und *Dem neuen Sommer entgegen* ist ein unerträglich detaillierter Bericht eines Wochenendes, das sie mit einem Journalisten verbringt, der nett sein wollte und sie eingeladen hatte, etwas Zeit mit seiner jungen Familie in ihrem Landhaus zu verbringen. Von dem Moment an, da die Erzählerin aus dem Zug steigt, wird jede noch so kleine Interaktion mit der Familie zu einer nahezu unüberwindbaren Tortur. Soll sie beim Abwasch helfen? Ist es in Ordnung, spazieren zu gehen? Das Buch war so qualvoll realistisch, dass Frame die Veröffentlichung bis nach ihrem Tod zurückhielt, als ihre identifizierbaren Gastgeber dieses Sommers entweder tot oder zu alt wären, um sich darum noch zu kümmern.

In Frames Welt ist großer Kummer – oder Wahnsinn – nie nur etwas, das für sich allein steht, sondern

[12] Vgl. Catherine Lacey, *Niemand verschwindet einfach so*, Berlin 2017.
[13] Vgl. Janet Frame, *Dem neuen Sommer entgegen*, München 2010.
[14] Vgl. Janet Frame, *Wenn Eulen schrein*, München 2012.

hochgradig sozial bedingt. Es gibt Tausende kleiner Ungewissheiten, mit denen man klarkommen muss, jeden Tag. Soll ich meine Zahnbürste im Badezimmer draußen liegen lassen? Was werden meine Gastgeber denken? Tue ich ihnen leid?

Der Unterschied zwischen *Niemand verschwindet einfach so* und *Dem neuen Sommer entgegen* wirkt fast politisch: Essenzialismus versus Materialismus. *Niemand verschwindet einfach so* zeigt ein isoliertes, fast autistisches Individuum, das auf ein einziges amorphes Ding reagiert, Schmerz und Trauer ... Doch in Wirklichkeit ist Kummer – oder Wahnsinn – voll von qualvollen Wahlmöglichkeiten zwischen entweder A oder B, voller Mikrokontingenzen.

HEK: Das erinnert mich an Jane Bowles. Die Szene in *Zwei sehr ernsthafte Damen,* als Frau Quill in der Bar kein Geld hat, um die Rechnung zu begleichen – die psychischen Qualen, die sie durchmacht und die Bowles detailgenau beschreibt. Das ist so realistisch und lustig.[15] Diese Art von Befangenheit über das Sein in der Welt, über das Sein in einer sozialen Welt, die weder Anfang noch Ende hat, ist notwendig für uns und deshalb in all diesen Büchern, die wir lieben, ein Thema.

CK: Oder wie Eileen Myles' *Cool for You*. Die Erzählerin hatte als Kind immer in ein Sommercamp nach Neuengland reisen wollen, doch ihre Eltern konnten es sich nie leisten, sie mitfahren zu lassen. Schließlich geht sie als Betreuerin hin, aber ist dann vollkommen fehl am

[15] Vgl. Jane Bowles, *Zwei sehr ernsthafte Damen*, Berlin 2001.

Platz. Am Showabend kommt sie auf die Idee, sich ein Gorillakostüm anzuziehen, und dann schämt sie sich in Grund und Boden, als sie begreift, dass das genau das ist, als was die Mädchen sie sehen: als einen großen, schwerfälligen Gorilla …[16]

HEK: Ich denke, derzeit verlangt die Kultur nichts anderes als fein säuberlich verpackte Geschichten über Leute, die auf ihrem Weg zum Glück Hindernisse überwinden …

CK: … und das Glück wird so sehr überbewertet.

HEK: Ich finde es bedrückend. Wie Tony Duvert in *Journal d'un innocent* schreibt:

> Ich kann deshalb deutlich erkennen, was die glückliche Mehrheit von den Minderheiten trennt: Erstere leidet allein unter der Existenz Letzterer; wohingegen Letztere unter sich selbst leiden und – obwohl sie nur eine Handvoll sind – verhindern, dass ungetrübte Zufriedenheit herrscht. Deshalb muss man anderen ähneln, um glücklich zu sein, und man muss die Unterschiede zur Strecke bringen, um es zu bleiben.[17]

CK: Das Glück kommt, wenn es denn kommt, vollkommen unerwartet. Henri Michaux nimmt Meskalin, um in Ekstase zu geraten, empfindet jedoch die kristallinen Visionen der Droge als zutiefst repetitiv.[18]

[16] Eileen Myles, *Cool for You*, New York 2000, S. 64.
[17] Tony Duvert, *Journal d'un innocent*, Paris 1976, S. 211.
[18] Vgl. Henri Michaux, *Unseliges Wunder. Das Meskalin*, München 1986.

HEK: Das klingt realistisch.

CK: Wie Balzac. Oder wie Jane Addams' Buch *Zwanzig Jahre sozialer Frauenarbeit in Chicago.*[19] Auf eine Art ist das Buch so merkwürdig – es ist ein autobiografischer Bericht über ihre Arbeit mit den Armen in einem Haus der *Settlement*-Bewegung im späten neunzehnten Jahrhundert. Ich meine, sie war schrecklich ernst, sie verehrte ihren Vater, aber was sie und ihre Freunde mit der *Settlement*-Bewegung erreicht haben, war greifbar und real. Die Gruppe bestand hauptsächlich aus gebildeten, unverheirateten Frauen. Die Not der Armen machte sie physisch krank, sie entschieden, etwas zu unternehmen, und sie waren erfolgreich. Das ist auch eine Form des Glücks.

[19] Vgl. Jane Addams, *Zwanzig Jahre sozialer Frauenarbeit in Chicago*, München 1913.

DU BIST HERZLICH EINGELADEN, DAS LETZTE WINZIGE GESCHÖPF ZU SEIN

I.

Tiny Creatures ist keine Galerie.
Tiny Creatures ist *Tiny Creatures.*
Tiny Creatures ist kein Veranstaltungsort.
Tiny Creatures ist *Tiny Creatures.*

– Janet Kim, *Tiny Creatures Manifesto* (2007)

Im Winter oder Frühling oder vielleicht im Sommer – je nachdem, wen und wann man fragt – des Jahres 2006 zog Janet Kim in das Ladenlokal an der Adresse 628 N. Alvarado Street, die zu *Tiny Creatures* werden sollte. Die aus zwei Zimmern bestehenden Räumlichkeiten waren eines von sechs Büros in einem neueren Flachbau aus Beton etwa 150 Meter nördlich der Stelle, wo vier Zu- und Abfahrtsrampen von der Alvarado Street zum Freeway 101 und vom Freeway herab auf die Straße führen. Hier, am Rande von Echo Park in der Nähe von Downtown L.A., befanden sich in unmittelbarer Nachbarschaft des Ladenlokals ein verwaister Schmuggelanhänger, ein Kühllaster, ein unbebautes Grundstück und ein baufälliges Haus, in dem eine alte Frau allein mit ihrem Hund lebte. Die 1000 Quadratmeter großen Räumlichkeiten hatten eine Toilette, eine Dusche und eine voll ausgestattete Küche. „Das war genau das, wonach ich gesucht hatte“, erinnert sich Kim. Es versteht sich wahrscheinlich von selbst, dass es hier kaum Fußverkehr gab. Das *American Apparel*-Geschäft an der

Ecke Alvarado und Sunset musste erst noch gebaut werden. Dieses heute von Boutiquen und Cafés wimmelnde Stück des Sunset Boulevard, das am Fuße der Skyline von Downtown Los Angeles endet, war damals noch eine Ansammlung von 99-Cent-Läden. Als *Tiny Creatures* anfing und Hunderte von Menschen bei Vernissagen vor dem Laden standen, so erinnert sich Kim, sammelte sie nachher die Bierdosen ein, um sie der alten Frau nebenan zu geben, die sie dann für den Pfand einlöste. Zum Zeitpunkt der Niederschrift dieses Artikels (im Sommer 2010) scheint das Gebäude leer zu stehen – mit Ausnahme von *Transportes Mendez* nebenan in Hausnummer 630, einem Lkw-Paketdienst, der nach Guatemala liefert.

Wie auch immer, *Tiny Creatures* wurde auf dem Höhepunkt der Bush-Jahre geboren: irgendwann nach Abu Ghraib, nach der Verhaftung des Künstlers Steve Kurtz aus Buffalo wegen Terrorismusvorwürfen, aber höchstwahrscheinlich vor der präventiven Inhaftierung jenes muslimischen Arztes in Boca Raton, der letztlich wegen einer „Verschwörung zur Behandlung verwundeter Terroristen" angeklagt wurde. Diese äußeren Ereignisse vergifteten die Atmosphäre, jedoch eher auf der Verstandesebene. Sie waren für Kim und ihre Freunde weniger bedeutsam als der gleichzeitig stattfindende Immobilienboom, der Echo Park – eine Gegend mit niedrigen Mieten und seit Generationen ein Zufluchtsort für Einwandererfamilien, Künstler und Schriftsteller – in L.A.s heißestes neues Viertel verwandelte. Matt Fishbeck erinnert sich später so: „Das [war] in Echo Park, wo es früher billig und sehr bohemistisch war, aber heutzutage ist Echo Park so angesagt, dass – ungelogen – die Hälfte unserer Freunde obdachlos ist und die andere in Angst lebt. In einem solchen Klima, wo man unorthodox und in Unsicherheit existiert, muss man darauf vorbereitet sein, (irgendwann) vertrieben zu werden, und lernen, damit zurechtzukommen. Ganz ehrlich gesagt – es ist Chaos, und ich liebe es."[1]

Die Miete betrug 1100 Dollar – ziemlich viel. Kim benutzte ihre Kreditkarte. Grob gesprochen hatte sie vor, ein Hinterzimmer zum Wohnen einzurichten und die Vorderseite als Raum zu nutzen, den sie mit ihren Freunden teilen konnte. Sie und ihr Freund Ben White waren bereits dabei, ein neues Indie-Label namens *Tiny Creatures* zu gründen, um die Musik befreundeter Underground-Bands aus L.A. aufzunehmen und zu vertreiben. Wenngleich sich heute zwar nicht mehr präzise sagen lässt, wann genau der Mietvertrag begann, ist sich Kim immerhin sicher, dass *Tiny Creatures* am 16. September 2006 als Galerie mit einer Ausstellung von Collagen und Zeichnungen des Musikers/Künstlers Ariel Pink und des Schriftstellers/Künstlers/Musikers Andrew Arduini begann. Viel geht verloren im Chaos eines kreativen Amateurunterfangens, dessen Verantwortliche selbst erst Mitte bis Ende 20 und außerdem Künstler sind, die sich bemühen müssen, die aufwendige Leitung einer im Herzen altruistischen Galerie mit ihrer eigenen künstlerischen Praxis und ihren eigenen Karrieren in Einklang zu bringen und zugleich eine Antwort auf die panische, unausgesprochene und allem innenliegende Frage zu finden: „Wohin soll das alles nur führen?"

1 „We Have Tiny Creatures for Neighbors", *Fake/Real* Issue #4.

Doch Kim ist eine ausgezeichnete Archivarin. Während ich mir Hunderte von Fotos ansehe, die sie auf ihrem alten Desktop-PC aufbewahrt, sehe ich Leitern und Bierfässer und Mädchen in schwarzen Strumpfhosen und Typen in T-Shirts, die Sachen an die Wand kleben. Eine zeitlose Bohème. Es sind mehr oder weniger die gleichen Fotos, die ich gesehen habe, als wir das Buch über David Wojnarowicz und seine Freunde/Kollaborateure im East Village der 80er vorbereiteten ... die gleichen Fotos, die in Hunderten von Bibliotheken auf der ganzen Welt aufbewahrt werden und die künstlerischen Experimente des letzten halben Jahrhunderts dokumentieren.[2] Hedi El Kholti, der etwas später zu *Tiny Creatures* stieß, beschrieb es so: „Noch mehr vergeudete Jugendjahre, die eigentlich längst vorüber waren. Wir hielten große Reden, lebten in noch zu gentrifizierenden Vierteln, nahmen Drogen, gründeten Plattenlabels, machten Kunst ... *Mein Leben leben.* Später würden all diese Künstler wiederentdeckt werden ... oder auch nicht ... Soll das alles in deinen *Text kommen?*“[3]

Tiny Creatures jedoch ist Teil der jüngeren Geschichte (ob sie nun vergessen ist oder nicht), und die meisten ihrer Protagonisten sind noch zugegen. Obwohl ich selbst die Galerie nie persönlich erlebt habe, da ich während ihrer kurzen, wilden Existenz kaum in L.A. war, bin ich mir ihres Vermächtnisses bewusst, das über die Mitwirkenden hinaus in das Leben der Stadt reicht. Kims inspirierte Improvisation als Gründerin

[2] Vgl. Sylvère Lotringer, Giancarlo Ambrosino (Hg.), *David Wojnarowicz. A Definitive History of Five or Six Years on the Lower East Side*, New York 2006.
[3] *By The Time You Read This I'll Be Gone*, 2009.

und Kreativdirektorin von *Tiny Creatures* hatte großen Einfluss darauf, dass sich die Kunstwelt von Los Angeles, die eine Ansammlung von Lehnsgütern unter der Kontrolle einiger weniger M.F.A.-Programme gewesen war, nun zu etwas viel Urbanerem und Offenerem entwickelte. Janet Kim wusste wenig über die Insider-Diskurse der Kunstwelt oder über die mittelalterliche Mentalität, von der die Kunstspielchen in L.A. so sehr geprägt waren – und trotzdem veränderte sie all das.

Janet Kim ist eine gertenschlanke 28-jährige Frau mit fast hüftlangem dunklem Haar, deren zögerliche Präsenz und sanfte Stimme sowohl ihre Entschlossenheit als auch ihre Post-Punk-Gesangsdarbietungen Lügen strafen, die verschiedentlich als „süß", „wunderschön und traumartig" beschrieben wurden, aber auch als „einhüllend", „dunkel" und als „markerschütterndes Heulen, das die Grenzen zwischen Schmerz und Vergnügen verwischt".

Wir treffen uns mehrmals in dem Haus hinter einer Gruppe von Bungalows im Viertel Angelino Heights in Echo Park, das sie mit ihrem neuen Partner Garrett Cathey teilt. Sie haben sich bei einer Kunstausstellung/Hausparty in Canyon Lake kennengelernt, einem Vorort von Lake Elsinore im östlichen Riverside County. Kim war nach Hause zurückgekehrt und half in den letzten Monaten seines Lebens bei der Pflege ihres Vaters. Vor dem Buchladen *Borders* im Einkaufszentrum in der Nähe hatte ihr jemand einen Flyer gegeben. Garrett, 24, Collagist und Lyriker, lebte in einer kleinen Stadt in der Nähe von Hemet und arbeitete – nach fünf Jahren, die er seit der Highschool an verschiedenen anderen Orten in Kalifornien verbracht hatte – als

Industriemaler. Am Ende eines dieser Besuche gibt mir Kim eine Ausgabe von *Found and Lost*, dem Zine, das Catheys bester Freund und Mitbewohner Michael De Witt damals publizierte. *Found and Lost* präsentiert obskure Collagen und Gedichte der Pariser Spät-Surrealisten Mary Beach und Claude Pélieu. Vor fast drei Jahrzehnten habe ich Beach und Pélieu gegen Ende ihres Lebens in New York kennengelernt. Damals lebten sie von Beachs kleinem Einkommen fünf Stunden außerhalb von Manhattan im ländlichen Cooperstown und fuhren gelegentlich in die Stadt, um alte Freunde zu treffen und Ausstellungen und Lesungen zu besuchen. Während ich durch das Zine blättere, überkommt mich der Rausch, der immer dann einsetzt, wenn ich mir der Wege bewusst werde, die die Dinge so nehmen. Wie war es den Arbeiten von Beach und Pélieu, die zu Lebzeiten weitgehend vergessen waren, gelungen, einen isolierten Schriftsteller zu erreichen, der in der Nähe von Hemet lebte, und zwar ganz ohne B.A., weit außerhalb des institutionellen Orbits?

In einem unveröffentlichten Essay, den El Kholti anlässlich der letzten Ausstellung von *Tiny Creatures* schrieb (aus den immer gleichen Gründen hatte alles längst auseinanderzufallen begonnen), bemerkte er:

> Was ich an der Szene rund um *Tiny Creatures* so überzeugend finde, ist, dass Janet Kim, obwohl sie einen anspruchsvollen Geschmack hat, so viel Großzügigkeit und Aufrichtigkeit in ihre kuratorischen Abenteuer einbringt. Die Galerie entwickelt sich gleichzeitig zu einer Musikschule, zu einem Vorführraum und Aufführungsort, zu einer Kunstgalerie [...], doch vor

allem handelt es sich bei *Tiny Creatures* um ein fragiles Unterfangen. Ich vermute, dass sich dies teilweise darauf zurückführen lässt, dass sie – genau wie auch ich selbst – von außen in diese Kultur gekommen ist. Die Dinge, die ihr gefallen, sind nicht selbstverständlich. Wenn man Außenseiter ist, trägt die KULTUR immer ein Element der Fremdheit in sich. Sie wird zu einem Lernprozess, den man sich aneignen muss, und das bringt ein Element der Überraschung mit sich, wann immer man eine Entscheidung trifft.

Als ich Janet bei unserem ersten Treffen erkläre, dass ich gerne die Geschichte von *Tiny Creatures* aufzeichnen würde, nimmt sie das wörtlich. Seit dem kürzlichen Tod ihres Vaters hat sie sich bedeckt gehalten, doch sie will versuchen, sich zu erinnern. Sie wird das Archiv öffnen.

Janet Kim wurde als Kind koreanischer Einwanderer geboren und begann mit vier Jahren Klavier zu spielen. Ihr Vater, der in Seoul tagsüber Lehrer und nachts Jazzmusiker gewesen war, arbeitete als Automechaniker in East Los Angeles. Je älter sie wurde, desto länger musste sie üben, bis sie schließlich täglich mehr als vier Stunden spielte. Als sie acht Jahre alt war, hatte ihr Vater genug Geld gespart, um seine eigene Werkstatt in South Los Angeles zu eröffnen, und die Familie zog nach Montebello, wo sie in der *Young Nak Presbyterian Korean Church* (Gemeindemitglieder: 8000) aktiv wurde. „Ich wuchs in der Kirche auf“, erinnert sich Kim. „Mit 13 gründete ich eine Gospelband“ – die von Kim arrangierten Songs klangen sehr nach U2 – „und danach kamen die Geister. Meine Großmutter war Schamanin.

Als Kind wurde mir die Hellseherei beigebracht, und die Kirche schien den Glauben an das, was ich über die Welt erfahren hatte, nicht auszuschließen."

Mit einem Stipendium für das Konservatorium an der Northwestern University hielt Kim Kurs auf eine Karriere als klassische Solistin. Während ihrer vier Jahre in Chicago spielte sie Keyboards in Bands. Sie begann, ihren in der Highschool eingeschlagenen und in der Kirche fortgesetzten Weg zu hinterfragen. „Die Kirche war so riesig. Sie kam mir wie die gesamte Welt vor – so war die Welt. Es war wie in einer Sekte. Es war schwer, da rauszukommen." Als sie im dritten Studienjahr nach China reiste, änderte sich jedoch alles. „Alles verschob sich. Endlich war ich völlig befreit."

Nachdem sie eine Weile in den USA herumgereist war und dann kurz in New York gelebt hatte, kehrte Kim 2002 mit ihrem Musik-B.A. nach Montebello zurück und hatte keine Ahnung, was sie tun sollte. Die Kirche und ihre alte Welt schienen fremd und fern. Sie verspürte keinerlei Verbindung mehr zu grundlegendsten Prinzipien der Kirche. Körper zu Blut? „Ich hatte keinerlei Bezug dazu." Außerdem fiel ihr auf, dass alle Kirchenmitglieder einen vollständig assimilierten bürgerlichen Lebensstil anstrebten. „Die begriffen einfach nicht, warum man so vielleicht nicht sein will. Oder (einfach) nur irgendwie anders sein will." Sie hielt inne und paffte an einer 1-Dollar-50-Stumpe. „Diese Vergangenheit verfolgt mich immer noch. Aber für mich ging es in der Kirche wirklich immer nur um die Liebe. Und damit kann ich mich nach wie vor identifizieren."

Als Klavierlehrerin und Teilzeit-Kellnerin in einem Café in Montebello fühlte sie sich völlig allein. Auf ihren Keyboards nahm sie in ihrem alten Kinderzimmer ihre eigene Musik auf, doch ihr wurde klar, dass sie andere Musiker treffen musste. Auf der Suche nach Menschen, zu denen sich Anschluss finden ließ, kam sie abends in die Stadt, um auf Konzerte zu gehen.

2005 mietete sie ein Zimmer in Echo Park und traf Ben White, den Gründer von *Part Time Punks*, einer beliebten Clubnacht, die im *Echo* stattfand, einer Bar am Sunset Boulevard, wo vor allem Leute, die als Außenseiter mit obskurem Musikgeschmack aufgewachsen waren, zum ersten Mal außerhalb ihrer Wohnung tanzen gingen. *Part Time Punks* bot den neuen Underground-Bands der Stadt einen dringend benötigten Veranstaltungsort. In den nächsten Jahren wurde White zu Kims Freund, Bandkollege und Partner. In L.A. traf sie andere Musiker wie Matt Fishbeck, Ariel Pink, Rachel Detroit und Geneva Jacuzzi. Fishbeck erinnert sich an seine Begegnung mit Kim auf einer Party nach Weihnachten, die sie und White veranstaltet hatten. „Es war gleich nach Weihnachten, als alle von ihren Familien in die Bruchbuden zurückkehrten, in denen sie gerade lebten. Ich sah das Klavier, und ich weiß noch, dass ich dachte: ‚Wer wohnt denn hier?‘ Ben hatte mir erzählt, dass sie auch Schlagzeug spielt. *Holy Shit* brauchte einen Schlagzeuger. Ich fragte sie: ‚Bist du überhaupt gut?‘ Und sie sagte: ‚Ja, ich bin ziemlich gut.‘ Noch vor Ende des Abends war sie die neue Schlagzeugerin von *Holy Shit*.“ Nach ihrem langen Exil in Montebello war ihr die Energie der über die Grenzen von Echo Park kaum hinausreichenden Punk-Underground-Szene nicht entgangen. Alle spielten in den Bands ihrer Freude: in Jacuzzis *Bubonic Plague*, in

Pinks *Haunted Graffiti*, in Fishbecks *Holy Shit*. Zwischen 2005 und 2007, als sie und White ihre Band *Softboiled Eggies* gründeten, bildeten Kim, Pink und Fishbeck die Besetzung von *Holy Shit*.

Sie erinnert sich: „Zu dieser Zeit trafen sich viele Leute an Orten wie *The Smell* [ein Veranstaltungsort für Minderjährige, wo es keinen Alkohol gab], und alles verfestigte sich einfach zu einer Gruppe von Underground-Bands. Nicht alle mochten einander, doch es war ein toller Ort, an dem sich Musiker treffen konnten." Als Kim also irgendwann im Jahr 2006 den Mietvertrag für 628 N. Alvarado unterschrieb, geschah dies mit dem Hintergedanken, dass die Räumlichkeiten irgendwie gemeinschaftlich genutzt werden könnten. Auf *Tiny Creatures* war bereits Ariel Pinks EP „My Molly" erschienen.

Kim kann sich nicht mehr erinnern, wann genau sich dieser Plan änderte und aus dem Musiker-Treffpunkt und Atelier *Tiny Creatures* die Galerie *Tiny Creatures* wurde. Zwar hatte sie nicht Kunst studiert, in ihren frühen Jahren in L.A. hatte sie jedoch ein Interesse an Architektur entwickelt: Sie las Italo Calvino und Mike Davis und besuchte die Ateliers von SCI-Arc, „nur um mal so zu sehen, was die Architekturstudenten so machten." Sie begann Galerien zu besuchen, Kunstfilme anzusehen und mehr über die Kunst nachzudenken, die auf Plattencovern verwendet wurde. Trotzdem besuchte keiner ihrer engeren Freunde zu dieser Zeit eine Kunstuni (Pink war Anfang der 90er-Jahre im M.F.A.-Programm für Bildende Kunst an CalArts eingeschrieben gewesen, doch genau wie alle anderen konzentrierte auch er sich damals hauptsächlich auf die Musik). Sie *glaubt* jedoch, dass ihr die Idee in jener Nacht kam – oder waren es Nächte? –, als sie mit Fishbeck, Ivory Lee, Emily Kunst, Andrew Arduini und Paul Gellman auf dem Wohnzimmerboden saß, um die „My Molly"-Plattencover per Hand zu bemalen. „Mir wurde klar, dass ich Leute gefunden hatte, mit denen ich träumen konnte ... ich hatte immer schon davon geträumt, Teil einer Underground-Szene wie den Dadaisten, den Beats, John Cage und den Happenings zu sein. In meiner Kindheit war ich immer von vielen Leuten umgeben gewesen. Unser Haus war eine Zwischenstation für Verwandte, die aus Korea herkamen. Und jetzt war es so, dass die meisten dieser Leute um mich herum tatsächlich *Kunst machten*. Ich hatte das Ladenlokal bezogen, um herumzualbern und Ideen auszutauschen, und ich dachte: ‚O.k., wir werden den Raum nutzen, um unsere eigenen Arbeiten zu zeigen!' Ich wusste, dass alle immer irgendwelche neuen Leute kennenlernen wollten. Weil ich mit ihnen herumhing, war ich mir bewusst, dass diese Gruppe von Musikern sehr große künstlerische Ambitionen hatte, nicht nur musikalische, sondern auch in der bildenden Kunst, Performance und schriftstellerisch, und ich dachte: ‚Es wäre doch großartig, das alles mit der Welt zu teilen.'"

Zwischen der ersten, unbetitelten Ausstellung von *Tiny Creatures* mit Collagen und Zeichnungen von Ariel Pink und Andrew Arduini, die am 16. September 2006 eröffnet wurde, und der Schließung, die etwas mehr als zwei Jahre später stattfand, produzierte Kim zehn eigenständige Ausstellungen, Dutzende von Lesungen, Release-Partys, Kunsttheorie-Symposien, Filmvorführungen, Performances und ein 87-seitiges

Zine. Die Gruppe sollte gemeinsam in das Viertel Pueblo Nuevo im mexikanischen Mexicali reisen, um dort eine Gastausstellung in *Mexicali Rose* zu veranstalten, einer inspirierten, gemeinschaftlich betriebenen Galerie, die Marco Vera nur wenige Schritte entfernt von der mexikanischen Seite der Grenze gegründet hatte. *Tiny Creatures* sollte im *Artforum* erwähnt werden. Die *Los Angeles Times* sollte die Schließung der Galerie beklagen. Rockstars sollten draußen auf dem Bürgersteig stehen, während Menschenmengen durch den kleinen Raum zogen, der für alle Kunsthändler und Kuratoren sogar von außerhalb der Stadt zu einem Muss geworden war.

Auf den ersten Blick evoziert der Erfolg von *Tiny Creatures* eine Art Déjà-vu. Hatte *China Art Objects*, Chinatowns allererste Galerie, die 1999 von den Künstlern Steve Hanson und Giovanni Intra gegründet worden war, nicht später meilenlange, sklavisch bewundernde Berichterstattung von *Vogue*, *Elle* und *W* erhalten? Hanson und Intra wünschten sich genauso sehr wie Kim, Teil einer Gemeinschaft zu sein. Unter der Last der Studiengebühren jedoch, die sie noch für ihre M.F.A.-Abschlüsse schuldeten, hofften sie ebenso aufrichtig, dass diese Gemeinschaft in der Kunstwelt berühmt und lebensfähig würde.

Nicht alle Künstler, die sich rund um *Tiny Creatures* versammelten, teilten diese Absichten. Rachel Detroit erinnert sich: „*Tiny Creatures* war etwas Kontinuierliches. Es war im Grunde immer die gleiche Gruppe, ein kleiner Club für coole Leute, doch die Ausstellungen wurden vor allem von Janet organisiert. Alle reden immer davon, dass sie alles Mögliche vorhaben, doch wenn Janet Kim *sagt*, dass sie eine Ausstellung organisiert, obwohl sie es mit den durchgeknalltesten Leuten zu tun hat, mit den unberechenbarsten Typen, dann gelingt es ihr immer, sie irgendwie einzufangen. Sie lässt diese Freaks die Peitsche spüren!“

Oder, wie sich Geneva Jacuzzi erinnert: „Viele dieser Leute, unsere Freunde, sind Musiker und so kreativ, dass sie alle möglichen kleinen Projekte haben. Klar, sie haben keinen B.A. oder M.F.A., aber sie haben all diese großartige Kunst – Literatur, Musik, bildende Kunst. *Tiny Creatures* war großartig, weil sich *Tiny Creatures* als Forum für Künstler öffnete, die sich ihres eigenen Talents zum Kunstmachen gar nicht bewusst gewesen waren. Courtney [Yates, Jacuzzis Schwester, die ebenfalls bei *Tiny Creatures* ausgestellt hat] ist nie auf eine Kunstuni gegangen, und es gibt da dieses Stigma, dass man, wenn man Künstlerin werden will, einen M.F.A. an einer Kunstuni machen muss. Es ist alles sehr einschüchternd. Courtney war damals jung, aber sie hatte all diese erstaunlichen Arbeiten, all dieses Talent, und wie sie ihre Arbeit präsentierte, war einfach fantastisch. Die eigenen Arbeiten an der Wand zu sehen und sich klarzumachen, dass man mehr gar nicht tun muss! Es muss einfach in irgendeiner Form präsentiert werden, und dann gilt man quasi bereits als Künstler. Es gibt einem jenen Ego-Boost, den man braucht, wenn man vorankommen will. Mir gefiel die Tatsache, dass es mit *Tiny Creatures* so einfach war, an diesen Punkt zu gelangen. Es war so offen. Das war es, was Janet besonders begeisterte. Sie kam zu mir und sagte: ‚Ich möchte deine Sachen in der Galerie zeigen‘, und ich dachte: ‚Wirklich?‘ Ich hielt mein Zeug eigentlich gar nicht für Kunst – doch anscheinend war es Kunst! Ein Teil unserer Arbeiten war Zeug, das die Leute schon vor der Highschool gemacht hatten, und alles das landete an der Wand, selbst wenn es nicht ‚gut' war. Das sollten alle anderen beurteilen und entscheiden."

Bei 628 N. Alvarado erreichten Freundschaften ihren ekstatischen Höhepunkt, um gleich im Anschluss zu zerbrechen. Künstler verbrachten ganze Monate damit, Zines voller Interviews und Rezensionen zu produzieren, die versuchten, die Arbeit der jeweils anderen zu mythologisieren und gleichzeitig die Grundidee von Kunstkarrieren infrage zu stellen, die auf „Einstiegsdrogen zum Erfolg" und „Authentizität" gründeten. Die Gruppe vertrat im Grunde nie nur eine einzige, ganz bestimmte gemeinsame Linie. Schon bald wurden aus nur gelegentlichem Drogenkonsum lähmende Abhängigkeiten, und einige der Künstler wurden verhaftet. „Es begann als etwas ganz Bestimmtes", erinnert sich Kim, „und dann wurde es etwas ganz anderes."

Die Website lief irgendwann aus. Einige der Künstler sollten Mainstream-Erfolg haben und andere nicht, obwohl sich die meisten der Involvierten diesen Entwicklungen gegenüber bis heute ungewöhnlich wohlwollend geben.

2.

> Lange haben sie dort nur im Dunkeln gearbeitet, ohne an Anerkennung von außen auch nur zu denken …
>
> – Gert Schiff im Gespräch mit David Rattray über die Zürcher Dadaisten und das *Cabaret Voltaire*

Die große Eröffnung von *Tiny Creatures* als Galerie um 18 Uhr am 16. September 2006 war alles andere als vielversprechend. Doch dann wiederum, vielleicht war sie mehr als vielversprechend: Der Abend dauerte bis 8 Uhr am nächsten Morgen, obwohl niemand kam.

Die Ausstellung, die laut Kim *Untitled*, auf einem Flyer von Matt Fishbeck jedoch *live birth* hieß, zeigte Zeichnungen, Collagen und Ephemera, die Ariel Pink und Andrew Arduini produziert und gesammelt hatten. Um 20 Uhr sollte Fishbeck ein *Holy Shit*-Set spielen, doch er begann erst nach 2 Uhr morgens, weil bis dahin kein Publikum da war.

Im Jahr 2006 war Pink bereits als Musiker bekannt. Sein Song „Getting High in The Morning“, der auf dem Independent-Label *Paw Tracks* erschienen war, wurde täglich auf KXLU im Radio gespielt – eine neue Hymne. Bildende Kunst war etwas, das er seit seiner Kindheit gemacht hatte. Sich eine Galeriekarriere aufzubauen, war jedoch keine Priorität für ihn. Genau genommen vergaß er sogar, zur Eröffnung zu erscheinen. „Ich weiß nicht, ob er überhaupt noch daran gedacht hatte, dass wir die Ausstellung machten, oder nicht“, erinnert sich Kim. Zwei Wochen zuvor hatte er ihr eine große Kiste mit Skizzenbüchern, Zeichnungen und Fotos geschenkt, die den größten Teil seines visuellen *Œuvres* ausmachten.

Andrew Arduini, der von seinen Freunden als „Genie … Einzelgänger … Einsiedler" beschrieben wird, war vor allem für seine Vier-Spur-Aufnahmen von Musikern bekannt, die er bewunderte und auf CD als *Vibe Central* veröffentlichte. Als Kim Arduini zum ersten Mal traf, lebte er in einem Wohnmobil namens Georgie Boy, doch in den Wochen oder Monaten vor der Ausstellung war der Bus beschlagnahmt worden, und Kim erinnert sich: „Zu diesem Zeitpunkt war er bereits obdachlos. Also trieb ich ihn auf, wo auch immer er gerade war, sah eine Kiste mit seinen Sachen durch und sagte: ‚Okay, wir zeigen dies und das.' Später brachte er noch mehr Arbeiten vorbei."

Fotos dieser ersten Installation zeigen eine Serie von über 20 Zeichnungen von Pink, die mit Stecknadeln und Büroklammern an einer langen Wand befestigt sind. Pinks Zeichnungen – angefertigt mit Bleistift und Tusche, voll komplizierter Kalligrafie und grotesken menschlichen/tierischen Körpern – wechseln sich ab mit gefundenen und persönlichen Fotografien beider Künstler. Eine handverzierte „My Molly"-EP steht auf einem Regal neben einem abgesägten ausgestopften Eichhörnchen mit einem langen, dünnen Schwanz, das Kim gefunden und an die Wand geklebt hatte. Die gegenüberliegende Wand zeigt eine Auswahl von Arduini-Ephemera: ein selbst veröffentlichtes Buch mit dem Titel *the areas*, ein Schnappschuss des verlorenen Wohnmobils, Luftpolsterfolie, ein altes Transistorradio, verziert mit dem *Vibe Central*-Logo. Es gab auch eine wirklich außergewöhnliche Skulptur von Arduini:

ein Set aus drei handverzierten CD-Covern von *Vibe Central*, arrangiert in einer Holzkiste in einem Joseph-Cornell-artigen Stil, seltsam erotisch und unheimlich.

Um 20 Uhr waren Kim, White, Arduini und Fishbeck immer noch allein in der Galerie. Pink war noch nicht aufgetaucht, und auch sonst war niemand gekommen. „Irgendwann tauchte Ariel dann doch noch auf", erinnert sich Kim. „Matt hatte ihn rübergeholt … er wohnte weit weg, in Beverly Glen, im Apartmentkomplex seines Vaters, und er hatte kein Auto. Doch als er die Ausstellung sah, war er ganz begeistert."

Die fünf Freunde verbrachten den Rest der Nacht miteinander, hörten Musik und unterhielten sich. Irgendwann kamen ihre Freunde Nic Amato und Michael Stock mit Geschenken vorbei, doch erst um 2 Uhr kam ein echtes Publikum – drei Bekannte von Kim aus Chicago, die zum Art Institute gegangen waren –, und Fishbeck begann mit seinem Set, an das Kim sich mit dem Wort „überwältigend" erinnert. Eines der Mädchen aus Chicago begann, mitzusingen, „und es ging einfach weiter". Irgendwann in der Nacht machte White im Hauptraum ein Porträt von Arduini, Fishbeck und Kim, die in blaues Licht getaucht waren. Fishbeck trug eine Krawatte, Kim einen Tropenhelm und Arduini stützte sich auf einen Gehstock. Die drei starrten in die Kamera, völlig unbekümmert ob der Tatsache, dass sie eine Party machten, zu der niemand gekommen war.

Gegen 6 Uhr morgens saßen dann alle auf dem Boden und lasen einander Arduinis neuesten literarischen Text „Gottes Masseuse" vor, als die Sonne aufging. Als sie sich um 8 Uhr morgens auf den Weg nach Hause machten, hatten sie alle das Gefühl, als hätten sie einer *Lebendgeburt* beigewohnt und auf diese Weise Fishbecks nicht genehmigten Ausstellungstitel Wirklichkeit werden lassen.

3.

> Warum haben alle den Kunstweg eingeschlagen? Ganz einfach, weil es plötzlich möglich war [...]. Janet musste Miete zahlen und dachte: „Ich werde alles aus diesem Raum herausholen." [...] Kunst verkaufen, Gigs veranstalten und das Publikum für Gigs bezahlen lassen – es war eine sehr knifflige Angelegenheit.
>
> – Matt Fishbeck

Fast sofort begann Kim, die nächste *Tiny Creatures*-Ausstellung zu planen. Sie wurde am 6. November eröffnet und präsentierte zwei Fishbeck-Fotocollagen, Tuschezeichnungen und Collagen von Ellen Nguyen sowie Ohrringe mit gefundenen Objekten von einem Duo namens Rabiez und Rubiez. Wie der Künstler Paul Gellman später bemerkte: „Was all diese Leute am besten können, ist Collage. Die sind alle auf Speed, und Leute auf Speed machen schon seit den 60ern die besten Collagen!" (Diese Tatsache würde auch einige der Probleme erklären, die sich erst später ergeben sollten.)

Kim hatte Nguyen durch White kennengelernt. Nguyen selbst war zwar keine Musikerin, besuchte jedoch regelmäßig die *Part Time Punks*-Clubnächte. Sie hatte kürzlich ihren Film-M.F.A. an CalArts beendet – eine Erfahrung, die sie praktisch erstarren ließ, wann immer sie es nun mit Film zu tun bekam.

Kim mochte Nguyen. Ihr gefiel die Arbeit, und dies war nun eine Gelegenheit, sie zu unterstützen. Bei dieser ersten Gelegenheit, ihre nicht-filmischen Arbeiten auszustellen, installierte Nguyen eine Reihe kleiner, exquisit gerahmter Stücke neben einem riesigen Selbstporträt, das auf die Galeriewand gemalt wurde: eine junge Asiatin mit einer Phantomhand, die in ihren Amor-förmigen Mund greift. Später produzierte Nguyen spärliche, emotional schwelgerische Kohlestudien, die sowohl entspannte als auch gequälte Fragmente menschlicher Körper darstellten und im Jahr 2007 bei *Tiny Creatures'* Sommerretrospektive präsentiert wurden.

Fishbecks zwei atemberaubende Digitaldrucke waren mit alter PC-Software produziert worden: collagierte und leicht, bis zur Halluzination verzerrte Fotos. Kim erinnert sich: „Matt erschien eine Stunde vor der Eröffnung mit seinen Arbeiten, und es war schwierig, sie zu installieren. Die Drucke waren zweieinhalb Meter lang, und wir hatten keine Ahnung, wie man so etwas oder überhaupt irgendetwas aufhängte. Wir hatten kein Werkzeug." Fishbeck rannte zu einer Autowerkstatt, um ein Seil zu holen: „Es sah aus wie Lakritz." Kim stützte die Drucke mit Konservendosen und Ziegelsteinen. „Doch es funktionierte – sie blieben die ganze Nacht hängen!"

Zur Vernissage gehörten Auftritte von Devon Williams und Mountain Girl, einer Frau aus den amerikanischen Südstaaten, die niemand gut kannte und die eine Galerie in Chinatown eröffnet hatte, kaum dass sie in L.A. angekommen war. Diesmal kamen viel mehr Leute. Fishbeck hatte die Tage vor der Eröffnung damit verbracht, in Chinatown handgemachte Flyer zu verteilen.

„*Tiny Creatures* wäre ohne Matt Fishbeck niemals passiert“, bemerkte der Künstler Jason Yates. „Er war der Katalysator. Für mich war er genauso wichtig wie Malcolm McLaren. Ohne seine ständigen Aufmunterungen wäre nichts passiert.“

„Etwas hat geklickt“, erinnert sich Kim.

Chinatown, Echo Park ... Im Jahr 2006 planten die rund zwei Dutzend Galerien in Chinatown ihre Vernissagen immer für denselben Abend. Alle drei oder vier Wochen wurden die beiden zentralen Plätze in Chinatown von Hipstern, Sammlern, Prominenten, Künstlern und Händlern bevölkert ... von allen, die in der Kunstwelt von Los Angeles wichtig waren, und noch von vielen anderen. Tausend oder noch mehr Menschen kamen. Chinatown war von M.F.A.-Absolventen gegründet worden und immer noch das Epizentrum der Kunstszene von Los Angeles. Dort wollten fast alle neuen M.F.A.-Absolventen ausstellen, und jeder wusste, dass man keine Ausstellung bekommen konnte, wenn man nicht Teil dieser Meute war. Bis heute hinterfragt Gellman seine Entscheidung, nach dem Ende seines Kunststudiums an der Ostküste nach L.A. zu ziehen. „Ich finde, man sollte dort studieren, wo man hinmöchte“, überlegt er. „Was Verbindungen und Ausstellungen angeht? In dieser Hinsicht hat es mir überhaupt nicht geholfen, dass ich hierhergezogen bin.“

Es war also eine Art Triumph, als Fishbeck – brillant, raffiniert und ohne M.F.A.: jemand, der sich bis dahin nie so wirklich als bildender Künstler gesehen hatte – gleich von zwei Galerien in Chinatown für

Einzelausstellungen umworben wurde. Kim erkannte, dass *Tiny Creatures* den Leuten um sie herum als Sprungbrett in die größere Welt dienen könnte. „TINY CREATURES ermöglicht der ganzen Welt einen Zugang zu dieser kleinen Künstlergemeinschaft aus Los Angeles – oder ermöglicht uns einen Zugang zur Welt", schrieb sie mir.

„Nirgendwo gab es Geld", erinnert sich Fishbeck, der damals in einer Garage lebte, die er mit einem anderen Künstler teilte. „Plötzlich bist du ein bildender Künstler. Es war ein Weg aus der Armut. Eine CD kannst du für 10 Dollar verkaufen, doch ein Bild kannst du für so viel verkaufen, wie du willst."

Doch erst mit der dritten Ausstellung, erzählt mir Kim, nahm *Tiny Creatures* so richtig an Fahrt auf. Kuratiert von *No Age*, einer jungen Band aus dem Umkreis von *The Smell*, trug die Ausstellung den Titel *Get Hurt*. Rachel Detroit, eine große, schlanke Musikerin Ende 30, erinnert sich an *The Smell* als „einen unglaublichen Veranstaltungsort. Alle, die dort arbeiteten, waren Freiwillige und hingen dort sowieso immer herum. Punk-Kids, Kinder von Ärzten und Anwälten aus dem [San Fernando] Valley, alle möglichen Leute." Die Leute von *No Age* trugen auch Kunst zur Ausstellung bei.

Get Hurt war eine Assemblage aus Wasserfarben, Band-Flyern, Fotos, aus Spiralblöcken herausgerissenen und an die Wände geklebten Seiten sowie einem unglaublichen fluoreszierenden Gemälde von Menschen und Monstern mit Dutzenden von Augen.

„Diesmal", sagt sie, „war *Tiny Creatures* brechend voll. Es waren so viele Leute da. Bei Ellen und Matt war es auch schon voll gewesen, doch jetzt war auch der

Bürgersteig voll. Da waren all diese jungen Leute, aber auch Erwachsene mit Babys und Hunden – Devendra [Banhart] *kannte* ein paar der Leute aus New York. Die wiederum hatten andere Leute aus New York mitgebracht, irgendwie kannten die sich alle."

Kim hatte bereits damit begonnen, kleinere Veranstaltungen zu organisieren, um mehr Leute zu *Tiny Creatures* zu bringen – Filmvorführungen, ein Flohmarkt, ein Bratwurst- und Bierfest, „denn wer kommt ansonsten schon?" Optimale Voraussetzungen für die Ausstellung von Jason Yates im April 2007 mit dem Titel *Burnout, The Fast Friends Inc. Project, a Depiction of DIY Dandyism and Pop by Cult Hero Jason Yates.*

Yates ist ein außergewöhnlicher Künstler. Sechs Jahre lang designte er unter dem Namen *Fast Friends* für Pink, Fishbeck und andere Musiker Bandposter, von denen jedes für sich ein originales Kunstwerk ist. Jede Studie über den Zusammenfluss von Musik und visueller Kultur in den letzten zwei Jahrzehnten wird sich auf Yates' Werk beziehen müssen.

Aufgewachsen in Detroit (so wie auch Rachel Detroit), wurde Yates noch als Teenager zu einem Freund und Mitarbeiter des Jazz-Fusion-Musikers George Clinton. „Ich habe George Clinton nie als Musiker, sondern immer nur als Gesamtkünstler gesehen", sagt er am Telefon. Yates, Ende 30, lebt heute mit Frau und Kind in einer Strandstadt in der Nähe von San Diego. „So sehr sich die Kunstwelt auch bemüht, sich zu diversifizieren, sie ist immer noch sehr spezialisiert. Für Clinton war Kunst ein Teil seiner normalen Laufbahn. Er war Künstler-Musiker. Und ich habe Kunst immer als einen Bestandteil vieler verschiedener Bewegungen gesehen, der unglaublich abhängig von einer Gruppendynamik war. Jeder durchschnittliche Kunstkritiker ist verloren, wann immer es darum geht, über meine Arbeit mit *Fast Friends* zu sprechen, weil die Kunstkritik ganz einfach ganz anders über Kultur nachdenkt."

Als Yates in den 90er-Jahren nach L.A. zog, um bei Mike Kelley, Mayo Thompson und Liz Larner am M.F.A.-Programm des Art Center zu studieren, hing er mit Musikern ab, beharrte aber darauf, *nicht* in einer Band spielen zu wollen. „Mir war es sehr wichtig, dass ich mich auf die bildende Kunst konzentriere", erklärt er. Obwohl er nach dem Art Center als Lehrkraft in einem M.F.A.-Programm in Arizona eingestellt wurde, mussten seine künstlerischen Arbeiten erst noch von einer Galerie unter Vertrag genommen werden. Yates gründete *Fast Friends*, um seine Arbeiten auf eigene Faust unter die Leute zu bringen. Vor *Tiny Creatures* hatte er noch keine Einzelausstellung in L.A. gehabt.

Wenn ich mir die Bilder von Yates' *Burnout*-Ausstellung und die von der *Get Hurt*-Dokumentation so ansehe, bin ich beeindruckt von jener immateriellen Qualität, durch die sich die Kunst von Ephemera unterscheidet. Beide Ausstellungen zeigten Arbeiten, die aus denselben Materialien und in ähnlichen Stilen komponiert worden waren. Beide Werkgruppen orchestrierten Kollisionen von Signifikanten, die aus demselben Pool kultureller Referenzen stammten. Dabei sind Yates' prächtige Plakate, die in unregelmäßigen Auflagen produziert wurden, dezidiert *Werke der bildenden Kunst*. In *Shit Age* (2007) werden aus Polyester-Folie geschnittene Hexenpyramidendreiecke, umringt von Flüssen aus wässrigen Pinselstrichen, von Tieraugen befallen. Topfsamen und Pillen liegen in Klecksen glitzernden Klebstoffs begraben ... diese vollkommen gestörte Menagerie scheint auf einem Nest aus schraffierten Linien zu ruhen. Unkrautgrüne Blitze schießen aus dem Himmel. „Die Poster waren alle voller Insider-Witze, Insider-Kritiken und Insider-Informationen", erklärt Yates. „Weil es eine Machtdynamik gibt zwischen, ähm, ich habe zu dieser Zeit so richtig begonnen, Pyramiden zu benutzen." Das Poster, das Kim mir zeigt, ist großartig, und ich wünschte, es wäre meins.

„Jason hat mir erklärt", bemerkt Kim, während wir es untersuchen, „dass die schwarzen und weißen Linien seine Heroinphase darstellen, und dass die Augen für Speed stehen." Offensichtlich experimentierte Yates damit, wie weit er eine Stoner-Ästhetik in den Bereich der hohen Kunst hineintreiben konnte. „Ahhh, die befanden sich alle in der Flitterwochenphase ihrer Süchte", erinnert sich Gellman.

Burnout war die erste (und letzte) Einzelausstellung bei *Tiny Creatures*. Die Pressemitteilung listete hilfreich Yates' Einflüsse (Mike Kelley, Kurt Schwitters, Robert Smithson, Jim Shaw), seine künstlerische Herkunft (von Dada über den Situationismus bis hin zu Fluxus) und Kunsthochschulabschlüsse. Ariel Pink trat bei der Eröffnung auf, und wieder einmal war es gerammelt voll. Diesmal wurden die Arbeiten auch verkauft – nicht erst später in Chinatown, sondern direkt hier in der Galerie. Was sowohl gut als auch schlecht war.

Ein Gruppenmitglied erinnert sich: „Janet bot einige von Jasons Arbeiten zum Verkauf an, für deren Verkauf eigentlich *ich* zuständig war ... Ich vertrat ihn auf der Westside von L.A. gegenüber Kunden, mit denen ich schon lange zusammengearbeitet hatte. Ich wurde aus dem Deal ausgeschlossen, und dann beschuldigte Janet mich, diesen einen Typen von außerhalb mit- und hergebracht und Jason erlaubt zu haben, Teile ihrer Wand zu verkaufen, ohne dass sie etwas dafür bekam."

„Die Jason-Yates-Ausstellung war sehr heiß", erinnert sich Gellman. „Alle möglichen Leute waren da, und er ist ganz sicher ein interessanter Künstler. Doch es ist immer die gleiche alte Geschichte ... zuerst sind alle so unglaublich rein, nicht kommerziell, und dann sehen sie plötzlich eine Gelegenheit für ihren Durchbruch. Aber Janet Kim hat keinerlei Verbindungen zu Geld oder Menschen, die Dinge kaufen."

Wie Yates selbst es sieht: „Zusammen waren wir das angesagteste Ding im Land. Janet Kim ... interessiert sich nicht für Geld. Wir waren alle pleite, und die Leute waren total heiß drauf, diese Arbeiten in die Finger zu bekommen. Janet hätte so richtig groß werden und allen eine Menge Geld einbringen können. Weißt du? Ich war kurz davor, Vater zu werden, meine finanzielle Lage war katastrophal, doch Janet weigerte sich, Kompromisse einzugehen, sie weigerte sich, auch nur irgendwen zurückzurufen. Ich dachte: ‚Janet, wir alle vertrauen darauf, dass du das aufs nächste Level bringst', und sie ist unter dem Druck ganz einfach eingeknickt, sie hatte diese Fähigkeiten ganz einfach nicht. Und sie weigerte sich, auf irgendjemanden zu hören!"

„Jason Yates ist ein Arschloch, vielmehr: Er *kann* ein Arschloch sein", überlegt Kim. „Ich weiß nicht ... die waren alle sehr kritisch auf eine Weise, die ich einfach nicht verstand."

Zum Abschluss spielten Geneva Jacuzzi und *Holy Shit* ihre Sets. Alle wussten, dass das hier viel cooler war als Chinatown, und die Leute hingen auf dem Bürgersteig herum und gingen abwechselnd hinein.

4.

tiny creatures ist
der Wunsch, einen Weg zu finden,
so zu leben, wie wir leben wollen,
ein Gemeinschaftsgefühl zu spüren,
einander hier auf Erden zu sehen,
unser Leben, unseren Schmerz, unsere Talente,
unsere Gedanken miteinander zu teilen,
einen Moment festzuhalten,
der verloren gehen oder vergessen wird,
und ihn mit Schönheit, Liebe, Schmerz
und allem zu füllen,
was wir als Menschen fühlen können.

– Janet Kim, *Tiny Creatures Manifesto* (2007)

Ende Mai organisierte Drew Denny, Praktikantin bei *Tiny Creatures*, die Ausstellung *Can't Help It*, ein kollektives Debüt von Künstlern aus Los Angeles, die alle im selben Jahr geboren worden waren – 1984. Vor ihrem Abschluss an der Filmschule der USC war Denny durch die Dritte Welt gereist, um Fotos von Arbeiter- und Agrarreformbewegungen zu machen. Keine der *Can't Help It*-Mitwirkenden war vielseitig gebildet oder hatte an einem M.F.A.-Programm studiert. Wie Denny mir schrieb: „Vor dem Hintergrund der Hollywood-Klischees haben sich diese jungen Künstler dazu verschworen, das Ego in eine umfassendere und ausweichendere Erfahrung umzuwandeln …" Diesmal hatte die Ausstellung eine Preisliste.

Während sie mit den Aufnahmen der ersten *Tiny Creatures*-LP beschäftigt war, ließ Kim Denny freie Hand, doch sie erinnert sich an einen Vortrag, in dem der Maler Eli Langer die Phänomenologie der Linien im Werk von Kate Stewart diskutierte, die am Otis College of Art and Design studiert hatte. „Ich kann mich erinnern, dass mir von hinten zugerufen wurde: ‚Janet, du musst herkommen, es ist Chaos!' Alle nahmen Kokain und redeten über Linien – schnupften ihre Lines und redeten über Linien. Mir war gar nicht bewusst gewesen, dass man so viel über Linien reden kann. Es war lustig und hat Spaß gemacht."

Im selben Sommer organisierte Kim eine Retrospektive mit Werken alter und neuer Freunde: Ariel Pink, Matt Fishbeck, Ellen Nguyen, Kate Hall, Andrew Arduini, Paul Gellman und Emily Ryan. Inzwischen war *Tiny Creatures* voll etabliert. Künstler und Händler aus Chinatown tauchten regelmäßig auf, um die Arbeiten zu begutachten. Der Zusammenfluss von Geld und Drogen forderte jedoch bereits seinen Tribut. Die Jason-Yates-Ausstellung endete mit einem Streit zwischen Yates und Kim, die sich darüber anschrien, wessen *Geschöpf* die Ausstellung gewesen war. „Wir regten uns gegenseitig wahnsinnig auf, weil alle mit ihrem Ego kämpften und versuchten, so viel wie möglich aus dem wenigen Licht herauszuholen, das es gab, und außerdem Geld zu verdienen, denn alle waren pleite", erinnert sich Kim. Das Wilde, das *Tiny Creatures* seinen Charme verlieh, entlud sich manchmal in Faustkämpfen und gebrochenen Kiefern. Die Kerngruppe nahm zu dieser Zeit harte Drogen, und wer nicht dazugehörte, fühlte sich deklassiert und belächelt.

In diesem Klima schrieb Kim ihr erstes Manifest. „Tiny Creatures ist keine Galerie ... ist kein Veranstaltungsort ... kein Label ... Tiny Creatures ist ein gemeinschaftlicher Ort ... verherrlicht Ausdruck und Kommunikation, nicht das Ego ... Tiny Creatures ist nicht dazu da, um Kunst oder Musik in Waren zu verwandeln, sondern ... als Kommunikationsinstrument."

Alle Künstler mussten das Manifest unterschreiben, bevor sie ihre Arbeiten aufhängen durften.

„Janet und Ben hatten beide diesen christlichen Hintergrund", erinnert sich Paul Gellman. „Ihr Organisationsstil war fast so wie bei einer christlichen Jugend. Die Truppen sammeln ..."

„Mir wurde klar", sagt sie, „dass die Leute vielleicht unterschiedliche Vorstellungen davon haben, was dieser Raum eigentlich ist, und ich wollte nur klarstellen, worauf sie sich einlassen."

Die Retrospektive endete mit der Veröffentlichung eines Zines, das das Ende des ersten Jahres der Galerie markierte.

5.

Wir lesen auch nicht mehr die Tagespost.
[…]
Was kümmert uns der Sonnenschein!
[…]
Mögen Menschen eilen und streben […].
Wir treiben haltlos durchs Leben
Und schlafen, verwirrt, hinüber.[4]

– Emmy Hennings, „Morfin", Zürich 1916

In den kommenden Monaten gab es eine Reihe von gastkuratierten Ausstellungen: *Churchmusic/Lawnpaintings*, *Soft Bodies*, *Tough Creatures* und *The Three Burritos*. Während die Explosion manchmal widerstreitender Energien rund um *Burnout* und *Retrospective* die Kerngruppe dazu veranlasst hatte, etwas auf Abstand zueinander zu gehen, war die Galerie inzwischen etabliert, und jüngere Leute kamen hinzu, wodurch eine vielseitige Gemeinschaft entstand, die weit über Kims anfängliche Träume hinausging. Die Profi-Skater Spanky und Jerry Hsu aus San Diego stellten ihre Arbeiten in *The Three Burritos* aus. Das vegane Kollektiv *Crops and Rawbers* verwandelte den Raum vorübergehend in ein Restaurant. Kim erinnert sich: „Diese Ausstellungen hatten einen großen Einfluss auf *Tiny Creatures*, weil sie die jungen Kids, die kleinen mexikanischen Punk-Kids, die Biker, die Skater, die Veganer mitbrachten, die sich alle unter die älteren Künstler mischten. So war es geplant gewesen."

[4] Emmy Hennings, „Morfin", in Hennings, *Gedichte*, Göttingen 2020, S. 23.

Im Mai 2008 kehrte Kim als Kuratorin zurück, und zwar mit *Shitty Hippy: a Collection of Cut-Ups and Freak Outs, Sound, Sculpture, Painting, and Collage Featuring Echo Park-Based Artists and Underground Musicians*. Vielleicht nahm sie nur unwissentlich Bezug auf Paul Theks wegweisende Wachsskulptur *Tod eines Hippies*, doch die Ausstellung war ein Triumph. Mit Arbeiten von Jed Ochmanek, Courtney Yates, Geneva Jacuzzi, Paul Gellman und anderen war *Shitty Hippy* eine Art Manifest für die collagierte DIY-Ästhetik von *Tiny Creatures*. In einem prägnanten/präzisen (aber noch unveröffentlichten) Katalogessay schrieb Paul Gellman:

> Zu einer guten Collage/Assemblage gehört das Einfügen einer Sprache in eine andere ... das Gegenüberstellen von und Spielen mit kontrastierenden Bildern aus der Kultur insgesamt. Von Dada ... bis zur Punk-Ära findet man Elemente der Transgression und des Mysteriums, die durch das Zusammenfügen ungleichartiger Bilder entstanden ...
>
> Um ein guter Collage-/Assemblage-Künstler zu sein, muss man ein guter Aasfresser sein. Wenn man außerhalb der eigenen Bruchbude durch die schmutzigen Straßen geht, ist man wahrscheinlich deprimiert, weil man in einer Bruchbude lebt, oder man trägt einen Hauch Enttäuschung zur Schau, oder man durchlebt die Nachwirkungen einer Droge, die man das ganze letzte Wochenende lang oder gleich die ganze letzte Woche, den ganzen letzten Monat lang genommen hat ... Nutzt doch euren nach unten gerichteten Blick als Gelegenheit, den wunderschönen Schutt zu sehen, den unsere verschmutzte Stadt

bietet! … Fangt an, immer wiederkehrende Themen, Farben und Formen in dem Abfall zu entdecken, zu dem sich eure Augen so sehr hingezogen fühlen! Wenn ihr euch von etwas angezogen fühlt, dann deshalb, weil es euch auf gewisse Weise repräsentiert, und je mehr ihr über euch selbst erfahrt, desto mehr seid ihr von eurer Bruchbude befreit …

Handwerk zählt. Und ich spreche gar nicht einmal davon, dass man archivisch arbeiten muss. Das ist was für die Schlappschwänze, die glauben, dass sie mit ihren Arbeiten ihr Vermächtnis hinterlassen …

Gegen Ende des Sommers wurde Kim klar, dass sie *Tiny Creatures* nicht mehr weitermachen konnte. Es gab kein Geld. Ihre Kreditkarten waren fast ausgereizt. Ihr Partner war festgenommen worden, als er auf *Skid Row* Drogen gekauft hatte. Immer noch bemüht, die Erwartung ihrer Freunde zu erfüllen, dass sie ihre Arbeit bewerben, verkaufen und unter die Leute bringen würde, ging es nun los mit dem Klauen, mit den Nutten, den Dealern und dem Dealen.

„Das alles war nur sehr finster. Irgendwann kam ich nicht mehr aus meinem Zimmer raus. Ich lag einfach rauchend und trinkend im Bett, und alle glaubten, ich sei diese ungeheuer alternative und mitreißende Kuratorin! Ich bin keine Galeristin … Ich weiß gar nicht, was die eigentlich dachten. Das alles sollte doch nur ein Haufen Freunde sein. Inzwischen war ich alt genug, um zu erkennen, dass wir am Arsch sein würden, wenn das so weitergeht. Wir würden noch alle auf der Straße enden. Die Mietpreise in L.A. waren vollkommen außer Kontrolle … Drogen machten *Tiny Creatures* nur noch aufregender. Ich weiß nicht, ob ich irgendetwas anders gemacht hätte. Doch es musste aufhören."

Marco Vera, ein Freund von Matt Fishbeck und Kims Freundin Kelly Coats, war Ende 2006 nach Mexicali zurückgekehrt, um dort ein Gemeinschaftsmedienzentrum und eine Galerie zu eröffnen. Kim war in Kontakt mit einem Kollegen von Vera, Gilberto Monreal, um an seinem Veranstaltungsort *La Casa de la Tía Tina* ein *Softboiled-Eggies*-Konzert zu organisieren. Als das *Casa de la Tía Tina* – geplagt von den gleichen Problemen, die auch bei *Tiny Creatures* auftraten – unerwartet dichtmachte, fragte Vera Kim, ob sie nicht Lust hätte, für nur einen Abend eine *Tiny Creatures*-Ausstellung in seiner Galerie zu arrangieren. Sie beschloss, dass dies die letzte Ausstellung sein würde.

Geboren und aufgewachsen im Bezirk Pueblo Nuevo in Mexicali, begann sich Veras Leben zu öffnen, als ein betrunkener Amerikaner auf der mexikanischen Seite der Grenze in seinen alten Chevy Hornet krachte und ihm einen Teil seines Gesichts abriss. Er war 16. Nachdem er den plastischen Chirurgen bezahlt hatte, benutzte er den Rest der Vergleichssumme, um sich für den Filmstudiengang der San Diego State University einzuschreiben. Von dort zog er nach L.A. und fand Arbeit als Produktionsassistent. Zum Entsetzen von Veras Familie (sein Vater hatte drei Jahrzehnte zuvor in der damals heruntergekommenen Gegend gelebt) wohnte er in Echo Park, wo er andere Filmemacher im *Echo Park Film Center* traf und sich mit Fishbeck und anderen in der Bar *Little Joy* anfreundete.

Vera mochte seine Arbeit als Produktionsassistent in der Filmindustrie nicht. Spätestens 2006 begann ihn sein Leben in Los Angeles zu langweilen. „Die USA kamen mir wirklich komisch vor – dieses ganze Bauen an einer neuen Grenzmauer, überall schlechte Stimmung. Ich fühlte mich einfach komisch. Sogar die vielen Freunde, die ich getroffen hatte – es war nicht mehr dasselbe. Echo Park begann bereits so richtig gentrifiziert zu werden. Die Familien, die ich kannte und die das Viertel zu einer echten Gemeinschaft wie Pueblo Nuevo gemacht hatten, wurden vertrieben. Also habe ich so viel gespart, wie ich konnte." Vera erinnert sich, dass er all die Leute vor Janet Kims Galerie stehen sah, als er L.A. in einem U-Haul verließ, und dachte: „Vielleicht sollte ich doch nicht weggehen. Ich hoffe, dass es immerhin *diese* Galerie ernst meint."

Doch er hatte bereits Pläne geschmiedet, das alte Haus seines Onkels in Pueblo Nuevo zu übernehmen und es in eine audiovisuelle Produktionswerkstatt für Kinder aus der Nachbarschaft umzuwandeln. Die Jugend von Pueblo Nuevo umfasst sowohl die Kinder der Einwohner der Stadt als auch durchreisende junge Leute aus dem Süden, die zwischen den Grenzstädten hin und her ziehen.

Der damals 28-jährige Vera verbrachte drei Monate damit, die niederen Schmuggler zu vertreiben, die sich in dem Haus eingenistet hatten, und mehr als sechs Monate, um es instand zu setzen. Sobald *Mexicali Rose* offen war, ging es so richtig los. Die Workshops wurden immer größer, als auch Eltern aus der Nachbarschaft mitzumachen begannen. Künstler wollten ihre Arbeiten ausstellen, also verwandelte Vera mehrere Räume in eine Galerie. Seitdem ist *Mexicali Rose* zu einer ganz eigenen hybriden Grenzgemeinschaft geworden. Die jungen Leute in Veras Werkstatt produzierten eine erstaunliche Vielzahl experimenteller und dokumentarischer Videoarbeiten. Edgar Moreno, ein Pizzalieferant, schnallte eine Videokamera an sein Fahrrad, um eine poetische Montage der Stadtlichter zu erstellen, die mir gelungener vorkam als die meisten neostrukturalistischen Filme, die in den M.F.A.-Programmen entstehen. Veras jüngste Ausstellung, *Puro Personaje*, zeigte gefundene und originale Fotos von einheimischen Kindern, von Kunststudierenden der hiesigen *Universidad Autónoma de Baja California*, von professionellen Künstlern, von Architekten und von verlorenen Seelen aus US-Grenzstädten wie Brawley und El Centro, die sich zu *Mexicali Rose* hingezogen fühlen.

Der aus Los Angeles stammende Künstler George Porcari und ich fuhren zur Ausstellungseröffnung und fanden eine Blockparty vor. In L.A. sind Ausstellungseröffnungen in der Regel gezielte Networking-Stopps auf einer Fünf- oder Sechs-Galerie-Tour. Das hier jedoch war Mexicalis Freitagabend mit Sangria-Punsch und jeder Menge Essen und psychedelischer Musik aus Peru aus den 60er- und 70er-Jahren, die aus Lautsprechern dröhnte. Mädchen aus der Nachbarschaft in engen Jeans stiegen mit ihren Freunden aus Autos. Ein Typ vom Landesmuseum erläuterte einige Aspekte der Kulturpolitik der Stadt. So ging es bis 2 Uhr nachts.

Dreizehn Künstler aus Los Angeles trugen Arbeiten zur Ausstellung in Mexicali bei, die Fishbeck *Under Alvarado: There Is a Beach* nannte, ein Wortspiel mit dem Namen des spanischen Entdeckers, der als Cortés' rechte Hand bei der Eroberung von Mexiko und von Mexicalis sengender Sonora-Wüste gedient hatte. Die meisten *Tiny Creatures*-Künstler reisten zur Eröffnung am 15. November 2008 an, und Fishbeck spielte zusammen mit einheimischen Musikern ein *Holy Shit*-Set. „In Mexicali waren alle so richtig high", erinnert er sich. Einer der Künstler aus Echo Park, wegen Körperverletzung verurteilt, war gerade aus dem Gefängnis entlassen worden, doch die Ausstellung war ein ekstatischer Erfolg. Die Eröffnung endete damit, dass Paul Gellman Heavy Metal auf Fishbecks Gitarre spielte. Zwei Jahre später sitze ich in Veras kühlem, dunklem Schneideraum und schaue mir den acht Minuten langen Film jener Nacht an.

Als Kim nach L.A. zurückkehrte, folgte noch mehr Chaos: mehr Drogen, mehr Schulden, mehr Verhaftungen. „REALITÄT IST GELD", schrieb sie in ihr Tagebuch. „*Wir könnten ja eine Bank ausrauben.*" Sie kündigte ihren Mietvertrag, erkannte aber, dass sie 628 N. Alvarado nicht verlassen konnte, ohne eine letzte Ausstellung zu inszenieren. „*DU BIST HERZLICH EINGELADEN, DAS LETZTE winzige Geschöpf ZU SEIN*", hieß es in der Einladung. Diesmal steuerten 26 Künstler Arbeiten bei. Der Fotobeitrag der *Los Angeles Times* über die Abschlussparty vom 10. Januar 2009 wirkt wie ein Porträt des neuen L.A.: Neurochirurgen, Modedesigner, Besucher aus London, Kuratoren, Musiker und einheimische Künstler stehen draußen mit Getränken, nur wenige Meter entfernt von der Stelle gleich bei der Autobahn, wo Obdachlose noch heute Orangen verkaufen.

„*Tiny Creatures* hat genau das gemacht, was es vorgehabt hatte. ... *Tiny Creatures* weigert sich, groß zu sein.

Wenn es größer geworden wäre, wäre es nicht mehr *Tiny Creatures* gewesen … *Tiny Creatures* ist eine Alternative zu einer übermäßig kommodifizierten Welt … Es kann sich etwas verändern – verändern, wie *Tiny Creatures* etwas verändert hat. Veränderungen auf winzige Weise", schrieb Kim in ihrem letzten Manifest.

An diesem Abend bedeckte Paul Gellman eine Wand der Küche mit leerem Papier, und alle halfen bei diesem letzten kollektiven Kunstwerk mit.

Hedi El Kholti, einer der beteiligten Künstler, erinnert sich: „Die Ausstellung war auf jeden Fall ein Event. Es waren viele Leute da, und alles kam mir viel ‚ehrgeiziger' vor als frühere Manifestationen. Die Arbeiten waren gut installiert, und die Ausstellung war insgesamt stimmig. ‚Etabliertere Künstler' wie Eli Langer, Skylar Haskard und Michael Rashkow steuerten Arbeiten bei, die etwas von der gleichen Collagen- und Fundstückqualität hatten, von der Paul Gellman spricht. Das hier war nun zu Ende, doch es hätte genauso gut der Anfang von etwas anderem sein können. Es stand kurz davor, professionalisiert oder markengeschützt zu werden wie, nur als Beispiel, Aaron Roses *Beautiful Losers*. Kennst du das Buch *L'autodissolution des avant-gardes* von René Lourau? Anstatt all die Manifeste zu veröffentlichen, die zu Beginn der Avantgarde geschrieben wurden, stellte Lourau Manifeste zusammen, die davon handelten, warum verschiedene Projekte abgebrochen werden mussten. Ich weiß nicht. Ich kann mich erinnern, dass ich an diesem Abend traurig war – als sei ich nun das letzte Mal jung, und mit ‚jung' meine ich eine vieldeutige Beziehung zur Zeit und Produktivität."

„Von außen betrachtet, sieht man wahrscheinlich einen Anfang, eine Mitte und ein Ende“, sagte Geneva Jacuzzi diesen Sommer zu mir. „Aber so war es nicht. Wenn man mittendrin ist, dann sieht man nur, wie die Zeit vergeht und Dinge geschehen. *Tiny Creatures* hatte sich durchaus verändert. Aber immerhin nur ein bisschen hier und dort und dann und wann, je nachdem, welche Künstler gerade da waren. Janet Kim ist eine echte Künstlerin. Es hat Spaß gemacht, es war eine gute Zeit. Für eine einzige kurze Minute war *Tiny Creatures* in Echo Park hip.“

„Für mich war wichtig, dass diese Kids nicht studiert haben und so“, sagt Paul Gellman. „Das waren Musiker, die nebenbei Kunst machten, verkannte Kunst …“

Im Gespräch mit Kim rege ich an, dass Veras Projekt, das in einem mexikanischen *Barrio* unter Mitwirkung von Leuten durchgeführt wurde, die bereits auf viele verschiedene Arten und Weisen miteinander verknüpft waren, womöglich besser geeignet sei, eine dauerhaftere Gemeinschaft zu schaffen – doch sie stimmt nicht zu.

Marco Vera übrigens auch nicht. „Ich weiß nicht einmal, ob *Mexicali Rose* überhaupt so etwas wie eine dauerhafte Gemeinschaft schaffen will“, schrieb er mir später per E-Mail. „Obwohl wir so viel gemein haben, unterscheiden sich die Dynamik von *Tiny Creatures* und alles das, was aus *Tiny Creatures* entstanden ist, doch ziemlich von unserem Projekt. Das Gefühl dieses Ortes und dieser Zeit wurden von den meisten Beteiligten so ähnlich empfunden, dass es unausgesprochen blieb, während dort in Echo Park all diese Momente gelebt wurden.“

Trotzdem glaubt Kim nicht, dass sie in naher Zukunft noch einmal so etwas wie *Tiny Creatures* angehen wird. Sie schreibt neue Songs (auch einen für Ariel Pinks *Haunted Graffiti*) und unterrichtet frühe Musiknotation. Sie schlägt ein Buch auf und zeigt mir die dicken quadratischen Noten auf alten Tonleitern aus dem 14. Jahrhundert, die von den Mönchen niedergeschrieben wurden.

Als ich ihr vier Wochen später einen Entwurf dieses Textes schicke, berichtet sie mir, dass sie gerade eine Einladung angenommen hat, noch gegen Ende dieses Jahres eine neue *Tiny Creatures*-Ausstellung zu kuratieren.

FREIER MACHEN

In den späten 70er- und frühen 80er-Jahren arbeitete ich in den Oben-ohne-Bars der „jüdischen Mafia“. Die Clubs florierten eine Weile und verschwanden mit dem Beginn der AIDS-Epidemie, als die New Yorker Gesundheitsbehörde die meisten dieser Bars und alle Schwulensaunen schloss.

Denke ich an diese Clubs, fällt mir sofort mein damaliges Leben wieder ein und wie die Stadt damals war. Ich dachte, dass es immer so weitergehen würde, wie es war, aber dann hörte alles unvermittelt auf. Es war nicht AIDS, was diese Zeit für mich beendete – ich hatte schon vorher aufgehört in den Clubs zu arbeiten –, sondern eine riesige Gastro-Abluftanlage, die vor einem der beiden Fenster meiner kleinen Mietwohnung im East Village installiert worden war. Bis dahin war meine Wohnung – die an einem Luftschacht lag – eine Art Zuflucht für mich gewesen. Durch den winzigen Spalt zwischen den Gebäuden beobachtete ich die Wetter- und Jahreszeitenwechsel. Wie schnell wir uns an unsere Gefängnisse gewöhnen. Ein Stück senkrechter Himmel, ein oder zwei Bäume, nistende Spatzen.

Ich fuhr gern gegen 4 Uhr morgens mit dem Taxi von der Bar nach Hause. Ich ging dann zu Bett, manchmal noch angezogen, und las mich in den Schlaf. Wenn unsere Schicht endete, standen die Taxis aufgereiht vor dem Club – es gab noch ein paar von den damals schon altmodischen Checkers. In großer Stille fuhr ich dem Stadtzentrum entgegen. Einmal sagte der Taxifahrer, ich solle ihm einen blasen, und zückte ein Messer, doch das war nur dieses eine Mal. Im Bett las ich James Joyce, Merleau-Ponty, Djuna Barnes, sämtliche griechischen Stücke und Colette. Wenn ich gerade noch vor Sonnenaufgang einschlief, erwachte ich um 10 oder 11 Uhr nicht als „Sally West", sondern als ich selbst – auf mysteriöse Weise um zwei- oder dreihundert Dollar reicher.

You make me feel like dancing, dance the night away.

Rückblickend war all das wie eine Verschnaufpause zwischen den Foltereinheiten. Im Bargeldhaufen gab es meistens dreißig oder vierzig Dollarnoten, die der Länge nach gefaltet waren. Das war das Trinkgeld, das die Kunden mir in meinen Stringtanga steckten (oder, und häufiger, in mein Höschen – der Dresscode in den Clubs war zu dieser Zeit nicht sonderlich ambitioniert), während ich „tanzte" (oder mich erratisch in einer nach *Modern Dance* anmutenden und Devo-esken Art und Weise zu den Songs aus der Jukebox bewegte). Es war eine Ära des humanistischen Generalismus, die Spezialisierung war noch nicht an die Macht gekommen. Niemand hatte Silikonimplantate – jede Titte, solange sie nur zu einem Mund gehörte, der die Männer so lange beschwatzte, bis sie die unfassbar teuren Flaschen Champagnerersatz kauften, war gut genug. Ebenso blieb auch die Definition des „Tanzens" vage. Zu tanzen bedeutete, auf der Bühne herumzuwackeln und so die Männer wissen zu lassen, dass man für ein „Date" im Hinterzimmer zur Verfügung stand.

Jedenfalls waren diese gefalteten Scheine eine geheimnisvolle Verbindung meines Tages-Ichs mit meinem Leben als Sally West an drei Nächten die Woche. Ich erinnere mich, wie ich diese Scheine in den Delis,

Drogerien und Restaurants im East Village benutzte und mich jedes Mal fragte, ob die Kassiererinnen (tatsächlich waren es meistens Frauen) an der Längsfaltung der Scheine erkannten, woher ich sie hatte. Zusammengefaltete Geldscheine waren das Erkennungszeichen aller Huren, und jedes Mädchen, das mal getanzt hatte, wusste das.

Es war 1978, und dann war es 1981, 1982. Mein Leben hätte noch lange so weitergehen können, doch als das Abluftgebläse vor dem Fenster, einen Meter von meinem Bett entfernt, angebracht wurde, konnte ich nicht mehr so spät nach Hause kommen und ungestört in den Morgen hinein schlafen. Sobald die Vorbereitungsköche um 8 Uhr morgens eintrafen, begann das Gebläse zu tosen. Das Geräusch verschreckte die Spatzen, sie kamen nicht mehr, um Samen von meiner Feuerleiter zu picken. Die Wohnung war nicht länger meine abgeschirmte Kammer. Die schnellen Kapitalbewegungen setzten dieser Traumzeit in ganz Lower Manhattan ein Ende. Die Eisenwarenhandlung wurde zu einem Restaurant, und *Karpaty Shoes*, der osteuropäische Schuhladen im Erdgeschoss, wurde durch *Bandito's* ersetzt, dem ersten Exemplar in einer sich rasant ausbreitenden Ansammlung hochmoderner Futtertröge für Stadtschweine und für all jene, die dort ihr Geschäft betrieben.

Innerhalb weniger Monate war meine Straße plötzlich von Ehrgeiz erfüllt. Die *Bandito's*-Kellnerinnen gaben mit ihren kurzen 80er-Jahre-Röcken und ihren High Heels überzeugendere Schlampen ab, als ich es jemals in den Clubs getan hatte. Alle waren immer irgendwohin unterwegs. Diese extreme Bewegung zwang einen dazu, sich selbst zu betrachten und herauszufinden, wo man sich eigentlich befand. Zeit war keine ganz so vertraute und unkomplizierte Angelegenheit mehr. In dieser neuen Atmosphäre sah es für alle, die einfach nur schlafen wollten, nicht mehr gut aus.

Obwohl ich anfänglich bei *Adam & Eve* auf der Upper East Side gearbeitet hatte, verbrachte ich bald drei Nächte die Woche in der *Wild West Topless Bar* auf der West 33rd Street. In einem heruntergekommenen Karree in der Nähe der Penn Station, gegenüber einer Kirche und zwei Häuser von einem Gewerkschaftsbüro entfernt, schien es im *Wild West* weniger Konkurrenz zu geben. Es gab da ein altes Neonschild von einem Paar durchschnittlich großer Brüste und einem Lasso. Das *Wild West* war eines von den vier oder fünf Etablissements, die Sy, Hy und drei anderen Typen gehörten, die als „die jüdische Mafia" bekannt waren. In ihren billigen weißen Herrenhemden aus Nylon – zudem waren sie alle alt, hatten Glatze, und die Bäuche hingen ihnen über die Gürtel – sahen die Besitzer fast identisch aus. Sie wechselten zwischen ihren Clubs hin und her, um Bargeld einzusammeln und die Abrechnungen zu überprüfen, verhielten sich ansonsten aber unauffällig. Im *Wild West* war Ray Mazzione für uns Mädchen zuständig. Ray verbrachte um die 14 Stunden pro Tag im Club. Er war ungefähr 32, lebte in Queens und behauptete, verheiratet zu sein. Ray stellte ein und entließ, rechnete am Ende der Nacht unseren Lohn mit uns ab und betrachtete es als seine Aufgabe, zu wissen, wer zugedröhnt war, wer das mit den Drogen noch unter Kontrolle hatte, wer von ihrem Freund verprügelt wurde und wer die sogenannten „Aktionen" verteilt hatte. Er führte eine Liste, auf der er unsere Champagnerflaschenverkäufe pro Nacht, Woche und Monat festhielt. Ray war unser aller bester Freund. Die Mädchen erzählten ihm alles.

Damals gab es in New York noch richtige Striplokale mit bekannten Profi-Stripperinnen, die Manager hatten. Es gab „Unten-ohne"-Bars, die ein „warmes Mittagessen" anboten, wo die Kunden 50 Dollar auf den Tisch legten, um ihr Gesicht in einer Muschi zu versenken. Im *Wild West* gab es das allerdings nicht. Im *Wild West* ging es ausschließlich ums Freiermachen. Während die Tänzerinnen 12 Dollar die Stunde bekamen, um aufzutauchen und abwechselnd zu tanzen, wurde das richtige Geld mit dem Verkauf von Champagnerersatz verdient. Für 35 Dollar konnte uns ein Typ ein Glas ausgeben, und wir saßen dann für 15 Minuten neben ihm auf der gepolsterten Bank. Für 150 Dollar konnte er eine Magnumflasche kaufen, die in einem durch Vorhänge abgeschirmten „Hinterzimmer" serviert wurde. Diese Rendezvous dauerten etwa eine halbe Stunde. In diesem Rahmen war das Verteilen von „Aktionen" – das war jeder sexuelle Kontakt, der den Kunden zu einem Orgasmus brachte – wenn auch nicht vollkommen untersagt, so aber doch nicht erwünscht und wurde indirekt bestraft. Denn sobald ein Typ sich *verausgabt* hatte, würde er nichts mehr ausgeben. Geduldig lehrte uns Ray Nacht um Nacht die Grundlagen der Romantik und des Datens. *Lasst sie nicht ran. Führ dich nicht wie eine Nutte auf.* Machte man das aber trotzdem, war das Geldmachen vorbei. Und Ray hatte recht. Denn auch wenn dir der Typ vielleicht ein großes Trinkgeld für einen Blowjob im Hinterzimmer anbot, konnte es ja immer sein, dass er am Ende trotzdem nicht zahlte. Und an wen sollte man sich dann wenden? Besser war es, ihn im Griff zu haben und Champagner kaufen zu lassen …

Mädchen, die „Aktionen“ verteilten, waren Huren. Sie hatten keine Kontrolle über das Spiel. Ein „gutes“ Mädchen konnte einen Kunden für die Dauer von drei oder vier Gläsern Champagner vor Gier entrückt zu Boden gehen lassen und ihn diese neue Romanze dann im Hinterzimmer mit einer Magnumflasche feiern lassen. Ein noch besseres Mädchen konnte ihn dort hinten halten und ihn Magnums bestellen lassen, bis – je nachdem, was zuerst geschah – der Club um 4 Uhr morgens schloss oder er den Kreditrahmen seiner American-Express-Karte erschöpft hatte. „Ihr seid Künstlerinnen“, sagte Ray zu uns. „Ihr seid Showgirls.“

Eine zarte Spur von Glamour umgab all dieses Treiben – ausgeblichene Echos von silbrigen Schwarz-Weiß-Filmen, brave Mädchen, die in der Großstadt auf die schiefe Bahn geraten waren, Weltwirtschaftskrise. „Würden Sie mir einen Drink spendieren? Dann muss ich das nächste Set nicht tanzen.“ Kellnerinnen in Netzstrümpfen mit Zigarettenbauchläden entkorkten schwungvoll eine Flasche Champagnerersatz nach der anderen, während Ray die Kreditkartennummer des Typen überprüfte. „Möchten Sie vielleicht noch eine Runde für die Dame bestellen?“ Dann telefonierte Ray mit einem schlichten Graumarkthacker, um herauszufinden, wo das Limit der Kreditkarte lag. Manchmal bekam er die gute Nachricht, dass der Kunde ein unbegrenztes Budget hatte. Das ließ Ray dem Mädchen über die Kellnerin mitteilen, und solange der Kunde blieb, war das Mädchen Rays besondere Prinzessin. Ray war dann immer wie ein Papa. Das System funktionierte gut, denn es war dem heterosexuellen Leben generell so ähnlich. Die Toxizität des Clubs lag nicht in der Degradierung unserer „Weiblichkeit“, sondern darin, dass er die verdorbene, jämmerliche Verfassung aller menschlichen Natur ans Tageslicht brachte oder überhaupt erst erzeugte.

An einem typischen Abend im *Wild West* war Maritza auf der Bühne und führte ihr Bodenprogramm auf. Mit 45 Jahren war diese dominikanische Großmutter auf jeden Fall über den Zenit ihres Tänzerinnenlebens hinaus, doch das hielt sie nicht davon ab, mit einem Lächeln, zwei strassbesetzten Nippel-Stickern und einer kleinen Federboa vor dem Gesicht eines Kunden ihre Möse zu reiben. Maritza war das einzige Mädchen im Club, das echte Kostüme hatte. Als Professionelle war sie eine harte Konkurrenz für den Rest aus uns Junkies, aufstrebenden Schriftstellerinnen, Künstlerinnen und Rock & Roll-Huren. „Seht euch Maritza an!“, sagte Ray immer, wenn eine von uns den Bogen überspannte oder unter Verdacht stand, „Aktionen“ verteilt zu haben.

Maritza wusste, wie sie ihren Charme spielen lassen musste. Oft war sie die beste Flaschenverkäuferin der Nacht. Darüber hinaus wussten wir kaum etwas über sie. Sie vertraute sich niemandem an. Während der Rest von uns rumnölte, sich beschwerte und Intimstes austauschte, gab sich Maritza nur mit Ray ab. (Doch egal, wie nah wir einander im Club waren, diese Freundschaften endeten, sobald wir durch die Tür hinausgingen. Im „wirklichen Leben“ durchquerten wir ganze

Räume, um uns auf Partys oder Ausstellungseröffnungen nicht grüßen zu müssen.)

Gabrielle aus Australien, die hier auf ihrem „Arbeitsurlaub" kellnerte, ging emsig herum und animierte die Kundschaft zum Trinken. Groß, athletisch, mit kastanienfarbenem Haar trug sie ihre Netzstrümpfe und den Body wie eine Schuluniform. Niemand konnte sich vorstellen, warum sie hier war. Sie nahm keine Drogen, wurde zu Hause nicht von ihrem Typen verprügelt und bildete sich auch nicht ein, Künstlerin zu sein. Aus unbekannten Gründen hatte sie sich dafür entschieden, den Platz in der Hölle mit uns zu teilen.

Brandy war eine dumme Schlampe aus irgendeinem New Yorker Vorort, die am liebsten genau dann rüberkam und ihre Titten wackeln ließ, wenn man gerade dabei war, dem Kunden ein Glas Champagner abzuringen. Oft war sie erfolgreich. Trotz ihrer ärmlichen Konversationsfähigkeiten verkaufte Brandy eine Menge Flaschen. Mary, eine schöne Blonde aus Allentown in Pennsylvania, hatte zwei Kinder und einen arbeitslosen Ehemann. Sie kam mit dem Bus, um an zwei Abenden in der Woche zu tanzen, und übernachtete auf der Couch einer Freundin. Lorraine war unser aller negatives Vorbild, das Mädchen mit dem schäbigen rosa Slip, als das man nicht enden wollte. Überall auf ihren Armen hatte sie vernarbte Venen und an den Beinen Brandnarben von Zigaretten. Susan S. (jetzt Anwältin im Silicon Valley) hatte ihre eigene Band.

Die Nachtschicht begann gegen 19 Uhr. Die Tagesmädchen – hauptsächlich Frauen, die aus New Jersey, Staten Island, Queens, Brooklyn, aus der Bronx und aus anderen Vororten nach Manhattan kamen und dies hier als normalen Job betrachteten – wechselten ihre Kleidung und gingen nach Hause. Unsere Kostüme konnten wir uns mehr oder weniger selbst aussuchen. Die Mädchen tanzten abwechselnd ihre Sets (sechs Lieder aus der Jukebox), und die Regel war, dass alles, was man über der Unterwäsche trug, mit dem Ende des ersten Liedes ausgezogen sein musste. Am Ende des dritten Songs mussten die Titten entblößt sein, und man nutzte Lieder vier bis sechs, um ein paar Gläser zu verkaufen und die Bodenarbeit zu absolvieren.

Nur weil man ein paar Gläser verkauft hatte, war man noch lange nicht vom Tanzen entschuldigt, doch wenn man im Hinterzimmer an einer Magnum dran war, war man immerhin vom nächsten Set befreit. Bis 20 oder 21 Uhr waren die Kunden herumstreunende Long-Island-Pendler. Denen konnte man bestenfalls ein Glas abringen. Und es war auch nicht gerade so, als wüssten sie nicht längst, dass du die nächsten fünfzehn Minuten versuchen würdest, ihnen außerdem noch eine Flasche zu verkaufen. Das funktionierte meistens nicht. Irgendwann gab man einfach auf und ließ sich ihre Probleme erzählen. *Zuhören* war ein weniger schlimmes Versagen als „Aktionen" zu verteilen, aber es gehörte zu derselben Kategorie. In beiden Fällen hatte man die Kontrolle übers Freiermachen verloren.

Die wahre Arbeit begann erst später am Abend. Um 21 oder 22 Uhr hatten wir unsere eigentlichen Kunden: professionelle Spieler, die gerade aus Vegas zurückgekommen waren, eigenbrötlerische, verschlagene Börsenmakler in dreiteiligen blauen Anzügen, leitende Werbeleute, ausländische Geschäftsmänner, Studenten und Anwälte. Diese Männer kamen nicht in die Clubs, um

Sex zu haben. Wie Ray gern betonte, konnten sie sich am Times Square für weniger als den Preis eines Glases Champagner einen blasen lassen. Diese Männer waren selbst gestandene Huren, und ich glaube, sie kamen schon dann, wenn sie diesem Geschäft nur zusahen, das auf unsere anbiedernden Bemühungen reduziert war, für das eigene Stück Muschi in diesem verzweifelten Muschikuchen zu sorgen. Einen Kunden dazu zu bringen, kontinuierlich Magnumflaschen zu bestellen, war weitaus schwieriger als ein Handjob. Dafür musste man nur die Augen schließen und ein Taschentuch rausnehmen. Jedoch musste man sehr tief aus sich schöpfen, um den Typen weiter Magnums bestellen zu lassen. Meinen größten Schammoment hatte ich eines Nachts im Hinterzimmer, als ich nicht mehr wusste, über was ich noch labern sollte. Ich wusste nicht, wie ich mit diesem Typen reden sollte. Im Gegensatz zu den meisten anderen war er nicht intelligent. Erschöpft ließ ich ihn seinen Schwanz in meine Muschi stecken. Er ging, ohne ein Trinkgeld dazulassen. Zwei Nächte später musste ich Ray meinen Anteil an der Flasche zurückzahlen, weil der Typ American Express angerufen und seine Zahlung widerrufen hatte ...

Das Freiermachen begann auf dem Tisch. Wann immer jemand mehr als einen Dollar Trinkgeld gab, musste man ihm alle Aufmerksamkeit widmen und versuchen, ihm ein Glas aufzuschwatzen. Ein Glas Champagner kostete 35 Dollar, entsprach 15 Minuten, die man allein mit dem Versuch verbrachte, ihm den nächsten Drink zu verkaufen. Es war ein kleinteiliger Traum, der aus ewigem Aufschub des großen Geschäfts bestand. Anwälte waren mein Spezialgebiet. Sie hatten den besten

Sinn für Ironie. Wie ich da in meiner Secondhand-Jacke, mit Boa und gespreizten Beinen saß, konnte man an mir den Kubismus studieren: Die Lippen formten kultivierte, ernsthafte Gemeinplätze über postkoloniale Theorie, die Hand führt ihre Hand unter meinen Rock. Und genau dann wurde meine Möse oft feucht.

Hier sind einige der Lieder, die wir auf der Jukebox spielten:

„Bad Girls“
„The Tide Is High“
„Heart of Glass“
„Shame“
„Ring My Bell“
„Superfreak“
„Heaven Knows“

Während all der Jahre, die ich im Club arbeitete, hatte ich keinen festen Freund. Außerhalb des Clubs hatte ich kaum Sex. Eine Zeit lang kam ein Mann, der sich John nannte, einmal die Woche um 22 Uhr rein, kaufte mir eine Magnum und gab mir 75 Dollar Trinkgeld. Dort, im Hinterzimmer, das waren unsere Dates. In unserer ersten gemeinsamen Nacht, während des ersten Glases sagte John: „Ich habe ein Hobby.“ Sein Hobby war Cunnilingus. John kniete sich auf den Boden, ich lag auf der Couch, lüftete meinen langen Stufenrock aus Spitze und tat so, als käme ich. Tagsüber arbeitete ich für Gewerkschaften und machte Theater mit Senioren. Zu dieser Zeit nahm mein Leben eine vollkommen unwahrscheinliche Form an. Doch genau dann konnte ich an etwas glauben.

Wie alle anderen, die in den Clubs arbeiteten, hatte auch ich immer vor abzuhauen. Die Mädchen sparten, hörten auf, um durch Europa zu reisen oder um ihr eigenes Geschäft aufzuziehen, und kamen dann drei Monate später pleite zurück. Ein paar Monate, nachdem das Abluftgebläse vor meinem Fenster aufgetaucht war, besorgte mir ein Freund einen Job an einem College. Ich unterrichtete Wissenschaftliches Schreiben, Griechische und Römische Literatur. Ich hatte keinerlei Abschluss, behauptete, dass meine Unterlagen 15 000 Kilometer entfernt an einer neuseeländischen Universität „in einem Feuer verloren gegangen" waren. Ich unterrichtete unter falschem Namen mit falscher Sozialversicherungsnummer, damit ich, während ich unterrichtete, unter meinem richtigen Namen Arbeitslosenhilfe beziehen konnte. Gleichzeitig betrog das College sowohl die New Yorker Behörden als auch die Bundesregierung, indem es fiktive Studierende mit niedrigem Einkommen einschrieb und den Behörden dann die Studienbeihilfe in Rechnung stellte. Diese Idee kam direkt aus Gogols *Die toten Seelen*, einem der Bücher, das ich unterrichtete. Zwei Jahre später flog die ganze Sache auf.

UMWEG

8. Februar 2008: Ich befinde mich im „ruhigen" Bus Nummer 1 der *Sex Workers' Art Show 2008*, und es ist hier gar nicht mal *so* still – Keva, Erin und Krylon spielen eine Art *Liederraten*, bei dem es um die Hits des Jahres 2002 geht, in dem alle drei ihren Highschool-Abschluss gemacht haben. Doch es ist definitiv ruhiger hier als in Bus Nummer 2, der sich schon in der zweiten Woche der Tour als mobile Party entpuppt hat. Das heißt jedoch nicht, dass in Bus Nummer 2 getrunken wird oder dass dort Drogen genommen werden. Anders als den Künstlerinnen und Künstlern auf früheren solchen Touren fällt es uns allen nicht sonderlich schwer, Taras Regel „keine Drogen im Bus" zu befolgen. Niemand hier trinkt. Wir rauchen ja nicht mal. An den wenigen Tagen, an denen wir ein paar Stunden frei haben, hält die Hälfte der Gruppe Anonyme-Alkoholiker-Treffen ab.

Wir fahren auf dem Highway 95 Richtung Norden nach New York. Vorne telefoniert Tara mit dem Zipper Theater, dem Veranstaltungsort für heute Abend. Die Show um 22 Uhr ist ausverkauft, und sie versucht nun, das Theater davon zu überzeugen, eine zweite Show um Mitternacht anzusetzen. Gestern Abend sind wir zweimal hintereinander in Washington, D.C. aufgetreten. Die Tour begann vor über drei Wochen in Portland, und seitdem reisen wir kreuz und quer durch die USA. Morgen werden sich die Busse Richtung Westen aufmachen, dann nach Norden, dann nach Osten und dann weiter nach Westen. Noch vor Monatsende werden wir in Kentucky sein. Weil Benzin 3,50 Dollar pro Gallone kostet, ist die Tour nicht gerade ein lukratives Unterfangen. Zwar kommen wir in Fünf-Sterne-Hotels unter, müssen uns jedoch zu viert ein Zimmer teilen. Solange wir nicht ein paar Shows verpassen, werden wir die Tour mit 3200 Dollar pro Kopf beenden. Für einige von uns ist das viel Geld, für andere sehr wenig – je nachdem, ob man noch immer als Sexarbeiter*in aktiv ist oder nicht (das gilt so jedenfalls für die anderen – nicht für mich, denn ich bin mindestens zwei Jahrzehnte älter als die anderen Künstler*innen).

Keva I. Lee ist Sozialarbeiterin und Dominatrix. Lorelei Lee ist Studentin und Pornostar. Der Autor/Performer Kirk Read arbeitet Teilzeit als Escort und Teilzeit als Berater in einer Klinik für Sexarbeiter*innen in der Nähe von San Francisco. Krylon Superstar arbeitet als Floristin. Ich bin Vermieterin (ist das das Schicksal jeder alten Hure?) und unterrichte an der University of California in San Diego. Dirty Martini und The World Famous *BOB* sind Berühmtheiten in der *New Burlesque*-Welt, doch im Jahr 2008 existiert „New Burlesque" allenfalls an der Peripherie der Kunstwelt. Wie auch andere Performancekünstler*innen in New York, die ohne jede familiäre Unterstützung auskommen müssen, existieren sie an den ökonomischen Rändern. Nach der fiebrigen Grippe, die in der zweiten Woche durch die Busse gezogen war, stiegen diejenigen von uns, die es sich leisten konnten, ins Flugzeug um, um die richtig langen Reisen im Bus zu vermeiden. Im Bewusstsein des Konfliktpotenzials dieses Klassenunterschieds stellt Tara eine neue Regel auf: *Alle, die an der Tour teilnehmen, reisen mit den Bussen.* (Trotzdem darf ich alle zwei Wochen nach Hause fliegen, damit ich meinen Job in San Diego nicht verliere.)

Tara Perkins – Gründerin, Kreativdirektorin und Strippenzieherin der *Sex Workers' Art Show Tour* – ist wie die *Mother Jones* des Hurentums im 21. Jahrhundert. Sie ist brillant, totale Autodidaktin und verbrachte ihre Jugend als Kellnerin im Nordwesten der USA, bevor sie zur bezahlten Begleitung einer älteren Lesbe wurde – eine Situation, an die sie sich mit einiger Ambivalenz erinnert, obwohl sie ihr damals die nötigen Freiräume ermöglichte, um verschiedensten Interessen nachzugehen. Außerdem ist sie einer der einnehmendsten und fähigsten Menschen, die ich je getroffen habe. Jeden Abend schreitet sie in einem Paar silberner Manolos mit 10 Zentimeter hohen Absätzen auf die Bühne, ihr präraffaelitisches Haar, rot wie das Getränkepulver Kool-Aid, steht in Flammen, und sie erzählt der Jugend an den Elitecolleges Amerikas davon, wie hoch das Mindesteinkommen ist: „5,65 Dollar! Dabei (ihr könnt es euch ja selbst ausrechnen) spielt die amerikanische Pornoindustrie sehr viel mehr ein als der Profisport, nämlich 12 Milliarden Dollar jährlich. Aber", fügt sie mit einem Lächeln hinzu, „ich werde euch nicht mit Politik langweilen. Schließlich seid ihr hergekommen, um nackte Ladys zu sehen!"

„Ganz ehrlich", erzählt sie mir eines Abends bei einem Glas Rotwein, „ich mache die Show nicht, um Sexarbeit aufzuwerten. Schließlich wissen wir ja alle ganz genau, wie die abläuft. Die Show ist ein Weg, Menschen zusammenzubringen und ihnen vielleicht die Augen für ein paar andere Angelegenheiten zu öffnen. Der ganze Sex-Kram ist gut, weil er die Menschen aus den Häusern holt. Ich meine, würde denn irgendjemand kommen, wenn ich eine Kunstausstellung mit Fast-Food-Angestellten organisieren würde?“

Dies wird das letzte Jahr der *Sex Workers' Art Show* sein. Beth Ditto hat Tara bereits als Managerin für die Band *The Gossip* angestellt. Nächste Woche wird sie die Tour verlassen, um nach London zu fliegen. Sony wird ihr eine Limousine schicken, um sie von unserer Show in Connecticut abzuholen, und sie wird feststellen, dass ihr Portemonnaie und ihr Pass am Abend zuvor in einer Spelunke gestohlen wurden, doch Sony wird ihr innerhalb weniger Stunden einen neuen Pass besorgen. Drei Tage später wird sie rechtzeitig für unsere abendliche Show in Ann Arbor in Michigan wieder zu uns stoßen.

Draußen vor den Fenstern des Busses ist es grau, überall liegt Schneematsch, und es ist kalt. Kirk Read trägt einen Kapuzenpullover und ein Paar Filzpantoffeln, die er für unterwegs eingepackt hat. The World Famous *BOB* („Dein Traummädchen wird Realität!“) trägt einen blauen Wintermantel aus Samt und Jogginghosen. Heute Abend wird sie ihren extravaganten, eins achtzig großen Körper in ein hautenges, mit Pailletten besetztes Kleid hüllen, glitzernde Schmetterlingswimpern tragen und das Publikum mit einer Geschichte darüber verwöhnen, wie aus dem Bauernmädchen, das von zu Hause in einer kleinen Stadt im San Joaquin Valley weggerannt war, eine Eintänzerin („Kinder“, wird sie zwinkern, „wisst ihr, was das ist?“) in einer zwielichtigen Bar in Los Angeles wurde. Sie wird sich am Ende ausziehen und dann mit ausgestreckten Armen unter einem Scheinwerfer stehen, während orchestrale Musik anschwillt, und eine Moralpredigt halten: „Denkt immer daran, dass ihr wahrscheinlich schon längst alles das habt, was auch immer ihr zu haben wollen glaubt" – die urplötzlich vollkommen wahr und triumphal klingen wird. Ich habe bestimmt schon 20-mal gesehen, wie *BOB* diese Nummer aufführt, und während sie ihr Skript (anders als einige der anderen Performer*innen) längst festgelegt hat, erweitert sie die Form ihres Textes jeden Abend, sodass die Nummer immer frisch und improvisiert wirkt. Wenn ich *BOB* so betrachte, muss ich an Brechts Anweisungen an seine Schauspieler denken: „Tragt eure Figur wie einen Overall. Vergesst nie, dass ihr euch vor einem Publikum befindet." Und ist ihre Nummer nicht eine sehr reine Form des Verfremdungseffekts, die sich, anders als einige der trostloseren Vorstöße in dieses Genre, immerzu dessen bewusst ist, dass die Hauptarbeit einer Performerin darin besteht *zu unterhalten*? Als Erin Markeys Ansteckmikro eines Abends während ihres Stangentanzes abfällt, sagt *BOB* zu ihr: „Oh, Süße. Was auch immer da draußen passiert, du musst ganz einfach einen Weg finden, es für dich zu nutzen."

Krylon Superstars Nummer hingegen befindet sich unablässig in Arbeit. Krylon, ein großer schwarzer schwuler Mann in seinen späten Zwanzigern, der in der Show Frauenkleider trägt, ohne sich zu bemühen, eine echte Frau zu verkörpern.[1] Seine Figur – die eine schäbige magentafarbene Perücke und ein weißes Ballettröckchen trägt – evoziert die äußeren Bereiche dessen,

[1] Krylon Superstar benutzt heute die englischen Pronomen *she/her* und bezeichnet sich als „Black trans witchy girl". Vgl. https://www.instagram.com/krylon_superstar/ [Letzter Zugriff 5.9.2023].

was üblicherweise männlich, hier jedoch weiblich ist. Während der ersten paar Shows schien Krylons Nummer – die damit endet, dass er sich in einem kleinen Planschbecken herumwälzt, nachdem er sich ungeschickt ausgezogen hat – noch unausgegoren und etwas verwirrend. Fünf Tage nach Beginn der Tour hatten wir eine Show in seiner Heimatstadt San Diego, wo einige seiner Freunde, die sich freiwillig für die Nationalgarde gemeldet hatten, auf ihre Einberufung warteten. Ihm kam die Idee, während seines Striptease ein Lied über den Krieg im Irak zu singen, das er gerade erst geschrieben hatte, und zwar a cappella. Er bekam stürmischen Beifall. Später ließ er Rocco, den Roadie, eine Aufnahme von Kate Smiths *God Bless America* spielen, während er selbst sich nackt im Planschbecken wälzte und sich mit Glitter einrieb. Auf den ersten Blick waren diese Gegensätze auf belebende Weise schockierend, doch als das Lied und das Wälzen immer weitergingen, wurde aus den Gegensätzen etwas ganz anderes, das sehr viel verstörender war. Später schrieb er die Worte FUCK BUSH auf einen Streifen Isolierband, das er sich auf die Brust klebte und nach der Hälfte seines Strips offenbarte. Noch etwas später, nach etwa der Hälfte von *God Bless America*, ließ er Rocco auf die Bühne kommen, wo er ihm eine Wunderkerze vom Vierten Juli in den Arsch steckte und sie anzündete. In den folgenden Wochen wird das Anti-Kriegs-Thema zunächst noch etwas ausgefeilter werden, bis er, als wir nach Ann Arbor kommen, das Lied schließlich nicht mehr singen wird. Es langweilt ihn.

Jeder Tag im Bus ist gleich. Wir sind nie so richtig wach, wenn wir gegen 9 oder 10 Uhr morgens abfahren – nachdem wir uns am Abend zuvor mit den Leuten im Publikum unterhalten, unser Merch verkauft, abgebaut und zusammengepackt haben, kommen wir nur selten vor 2 oder 3 Uhr nachts zurück ins Hotel. Unterwegs liegen wir jeweils acht oder neun Stunden in einem Kokon im Bus und sind nie so richtig wach, bis es an der Zeit für unsere Show ist. Wir verbringen so viel Zeit damit, unseren Körper hin und her zu schleppen, nur damit wir am Ende für jeweils 10 oder 15 Minuten auf der Bühne stehen können! Die Tour kommt uns vor wie ein militärischer Einsatz. Auf den Tour-Postern steht *Neue Hurenordnung*. Wir alle sind Teil der Live-Kunst-Armee und geben Tausenden von Menschen überall in den USA einen Grund, ihre Häuser und Studentenwohnheime zu verlassen, um nebeneinander in einem Theater zu sitzen. Und wer wollte behaupten, dass sich das nicht lohnt? Meine eigene Qualifikation für die Teilnahme an der Tour ist vernachlässigbar. Es ist schon über zwei Jahrzehnte her, seitdem ich selbst als Oben-ohne-Tänzerin gearbeitet habe. Jedes Mal, wenn ich eine Bühne betrete, um den Text vorzutragen, den ich für die Tour geschrieben habe – ein Bericht über meine Zeit in den New Yorker Animierbars unmittelbar vor der AIDS-Epidemie –, habe ich Angst, dass die vollbesetzten Häuser sich sofort aus dem Staub machen, weil sie meine Beobachtungen für zu unzugänglich oder literarisch halten. Niemand jedoch macht sich aus dem Staub, und das ist unglaublich beglückend. Wo sonst außer vielleicht in der Sowjetunion oder in Polen vor Glasnost könnte eine Schriftstellerin ihre literarischen Texte vor 600 Menschen vortragen, die in einem Saal zusammenstehen?

Seitdem Tara letzte Woche auf *Fox News* aufgetreten ist, um sich dort von Laura Ingraham an den Pranger stellen zu lassen, klingelt ihr Telefon unablässig. Wir wissen noch immer nicht, wo wir heute Abend nach der (inzwischen bestätigten) Spätvorstellung unterkommen werden. Endlich, gegen 16 Uhr, als wir in New Jersey sind, hört sie zu telefonieren auf und beginnt eines ihrer Rituale, das zu ihrer Vorbereitung auf die Show gehört: Auf ihrem Blackberry loggt sie sich bei Hotwire ein, um nach den besten Last-Minute-Schnäppchen für unser heutiges Quartier zu suchen.

„Seid ihr *für* oder *gegen* Sexarbeit?" Die amerikanische Jugend will es wissen, und zwar von Harvard bis Duke und bis zur University of California in Davis. In den Bussen kommt uns diese Frage absurd vor. Das ist in etwa so, als frage man jemanden, ob er oder sie „für" oder „gegen" den globalen Kapitalismus sei. Seit wir San Francisco verlassen haben – wo wir auf der Bühne im *Victoria Theater* von einem Transgender-Hexenmeister gesegnet wurden –, folgen unseren Bussen auf ihrer Reise durch die USA verschiedene Kontroversen. Der Stadtrat von San Diego erließ uns zu Ehren eine Anordnung, die Live-Darbietungen in Ladenlokalen in der Innenstadt untersagte. Die Promoter unserer Tour reagierten darauf, indem sie die Veranstaltung von einem von Lesben betriebenen Laden für Erwachsenenspielzeug in eine Schwulenbar außerhalb der Stadt verlegten. UCLA sagte sechs Stunden vor Beginn der Show ab und bezahlte uns dafür, dass wir *nicht* auftreten. Die Kacke begann jedoch erst so richtig zu dampfen, als wir in Colonial Williamsburg in Virginia

(„Wiege der Geschichte unserer Nation“!) Einzug hielten, um am College of William & Mary aufzutreten.

Seit Wochen schon hatten rechte Basisgruppen den inzwischen ehemaligen Präsidenten des Colleges Gene Nichol unter Druck gesetzt, die Vorstellung abzusagen. Auf konservativen Blogs hieß es, dass sich eine „verstörende“ „Kunst“-Show auf den Weg gemacht habe, um Amerikas Colleges zu zerstören, und es wurde beklagt, dass „Prostituierte und Pornografen“ im Rahmen der Show als „Künstler“ und „Genies“ gälten. Pädagogen warnten, dass die Show die „sexuellen Aggressionen“ an den Colleges des Staates Virginia steigern werde, weil insbesondere Männer viel eher zur sexuellen Gewalt neigten, wenn sie Pornografie konsumieren. Warum sollte „die Redefreiheit von Pornografen und Zuhältern“ geschützt werden, fragte die Lokalpresse. Tittenfolter, Eier-zerstörende Peitschenhiebe und „Schund“ wie mein Roman *I Love Dick* brächten nur Schande auf den Campus. Wir seien allesamt nichts als „Schweine mit Lippenstift“, einer Kommentatorin zufolge jedenfalls. Eine republikanische Abgeordnete im Parlament des Staates Virginia schließlich forderte die Absage der Show. Williamsburg sei ein Reiseziel, das Familien aus dem ganzen Land anziehe, die mehr über die Gründung unserer Nation erfahren wollten. Die Show gefährde einen Standard, den die Bürger der Region auch weiterhin aufrechterhalten sehen möchten. Der Staatsanwalt von Virginia, Bob McDonnell, schrieb ein Gesetz um, das die Colleges des Staates vom Obszönitäts-Gesetz des Staates ausnahm. Doch Nichol ließ sich nicht beirren. Als bekennender Moderater begann er in diesem Klima wie Nelson Mandela auszusehen: „Der erste Zusatzartikel zur Verfassung der Vereinigten Staaten sowie die prägenden Traditionen der Offenheit, die die Universitäten mittragen, sind die Gütesiegel der akademischen Forschung und Freiheit. Oftmals ist es genau jene freie Rede, die wir verachten, die diese Prinzipien auf die Probe stellt."[2]

Tara war gezwungen, einen neuen Vertrag zu unterschreiben, der alle Video- oder Ton-Aufnahmen, den Verkauf von Tour-Merchandise und selbst nur teilweise Nacktheit untersagte. Das Alter aller 1000 Anwesenden bei unseren zwei ausverkauften Vorstellungen sollte überprüft werden. Niemand unter dem 21. Lebensjahr durfte ins Auditorium hereingelassen werden.

Als wir am College ankamen, liefen wir im Gänsemarsch Spießruten durch die Reporterteams von *Fox News* und regionalen Fernsehsendern. Christliche Demonstranten, die uns während des gesamten Südstaatenteils der Tour gefolgt waren, führten eine Gebetswache auf. Die Vorstellungen waren ein Triumph. Acht Tage später wurde Nichol gefeuert.

Auf dem Weg vom Hotel zum Veranstaltungsort fuhren wir durch Colonial Williamsburg ... eine Ansammlung von reizenden, niedrigen Häusern aus dem 18. Jahrhundert, die als „authentisches" Dorf aus dem Kolonialzeitalter instand gesetzt worden waren ... weiße und hier und dort auch einige wenige schwarze Menschen, die als Schmiede und Kerzenmacher in Kniehosen und Perücken kostümiert waren, zogen ihre Pantomime durch. Ich saß neben Lorelei Lee, die

[2] Max Fisher, „When the Campus PC Police Are Conservative: Why Media Ignored the Free Speech Meltdown at William & Mary", https://www.vox.com/2015/11/11/9715194/college-speech-censorship" [Letzter Zugriff 5.9.2023].

im selben Jahr sowohl den Bishop-Preis für die „beste jüngere Dichterin“ als auch den *AdultCon*-Preis für die beste Darstellerin in einer Tittenfolter-Szene gewonnen hatte. Lorelei, 27, trug einen rosa *Hello Kitty*-Rucksack und im Nordosten der USA den ganzen tiefen Winter über Hotpants oder kurze, gerüschte Röcke mit Kniestrümpfen. Die Schriften dieser namhaften Verfechterin der sex-positiven Macht der Pornografie enthüllen etwas Dunkleres. Als wir durch die Straßen fuhren, lehnte sich Lorelei mit ihrer Videokamera an das Fenster, und ich sah die Stadt durch ihre Augen. Wie Hexen wurden wir aus dem Staat Virginia verjagt.

DIE NEUE ORDNUNG

Seit V. weg war, schienen mir all diese beschämenden Frauengeschichten einzufallen und dann in mein Schreiben zu geraten: Geschichten über Sex, Missbrauch, Vergewaltigungen, Abtreibungen, Ehen, Scheidungen, Infektionen, Kinder. Ich will sie zusammenstellen und *Wenn du ein Mädchen bist* nennen. Was für ein toller Titel, sagen alle Mädchen: Louise, Andrea, Rose, Eileen, Vicky etc. „Geht es um die Vorpubertät?“, fragte Paul Cherry abschätzig. „Nein“, sagte ich, sofort in der Defensive. „Es ist, weißt du, ein Bewusstseinszustand.“[1]

Was mich hier interessiert, ist das Modell des Schreibens und Sprechens über sich selbst als Mittel zur Abstraktion der eigenen Erfahrung. Doch welche Art von Handlung ist das? Welche Konsequenzen hat das für das eigene Wahrheitskonzept, wenn man versucht, sich in die Beobachter*innen zu versetzen? Das Distanzgefühl, das sich gegenüber der eigenen Erfahrung einstellt, erklärt vielleicht das Gefühl von Unbehagen, das dieses Sprechen begleitet.[2]

Ich habe mit der *Native Agents*-Reihe für Semiotext(e) im Jahr 1990 begonnen. Der Verlag war für seine Übersetzungen französischer Theorie bekannt, und ich stellte mir vor, dass sich die Legitimität, die der französischen Theorie zugesprochen wurde, teilweise auf einige New Yorker Freundinnen übertragen ließe, die

1 Ann Rower, *If You're a Girl*, New York 1990, S. 13.
2 Karolin Meunier, *Return to Inquiry*, Maastricht 2012, S. 11.

ich als Post-*New York School*-Autorinnen bezeichnen würde. Das bedeutet, sie schrieben über alle möglichen Dinge in der ersten Person Singular mit einer gewissen desinteressierten, aber immer interessanten Offenheit. Die ersten beiden Bücher in der Serie waren *Walking Through Clear Water in a Pool Painted Black* von der verstorbenen Cookie Mueller und Ann Rowers *If You're a Girl*.[3] Beide sind inzwischen längst Klassiker.

Die Autorin und Filmemacherin Chloe Griffin ist Muellers Entwicklung in ihren letzten Jahren sehr sorgfältig nachgegangen – von Baltimore nach San Francisco, nach Provincetown, New York und Berlin –, um dann ihre Biografie zu schreiben. Mueller war eine überall hochverehrte Schauspielerin, Autorin und eine richtige Persönlichkeit in Downtown New York, die John Waters als „Autorin, Mutter, Gesetzlose, Schauspielerin, Modedesignerin, Go-go-Tänzerin, Hexenärztin, Kunst-Dämonin und allem voran Göttin"[4] beschrieb. Mueller starb 1989 in New York an AIDS. In den Monaten vor ihrem Tod versuchte sie, ihre Erzählungen zur Veröffentlichung zusammenzustellen. Ungeachtet ihrer Berühmtheit jedoch, wollte sich keiner der vielen Agenten oder Herausgeber, die sie kannte, auf das Buch in der Form einlassen, in der sie es geschrieben hatte. Sie erwarteten, dass sie dies oder das ändere. Dazu war sie jedoch nicht in der Verfassung, oder sie wollte es vielleicht auch einfach nicht. Ich war bei einer ihrer Lesungen beim *St. Marks Poetry Project* und war berührt von

[3] Vgl. Cookie Mueller, *Walking Through Clear Water in a Pool Painted Black*, New York 1990.

[4] John Waters, „Introduction", in Amy Scholder (Hg.), *Ask Dr. Mueller. The Writings of Cookie Mueller*, New York/London 1997, S. xi–xiii, hier S. xi.

ihrer Arbeit und ihrer Situation. Damals wohnte ich mit Sylvère Lotringer zusammen, der 1982 die *Foreign Agents*-Serie mit französischer Theorie für Semiotext(e) begonnen hatte. Ich kannte mich in französischer Theorie kaum aus und stand dem, was ich wusste, zwiespältig gegenüber, aber ich dachte, dass wir das wie auch immer genau geartete Prestige von Semiotext(e) ja vielleicht dazu nutzen könnten, Cookie Mueller zu helfen. Ann Rower war meine engste Freundin, und wir hatten zusammen an einigen Drehbüchern gearbeitet. Mit ihrem großen Herzen und ihren bissigen, trockenen, beiläufigen und zynischen Beobachtungen war sie für mich ein Genie. Rower unterrichtete Englisch an der Universität der Künste in New York und hatte ihren Ph.D. an der Columbia in englischer Renaissanceliteratur gemacht, ein Umstand, den sie meistens für sich behielt.

Beth Hanson schrieb kürzlich über Rowers Werk, aber ich weiß nicht mehr, wo:

> Ich hätte sie so gern als Schwester gehabt, die mir die Spielregeln erklärte. Sie ist hip, bedacht, lustig und war mit Leuten wie Ginsberg und Orlovsky befreundet. Ich liebe es, wie sie ihren Freunden begegnet, wenn sie sie runtermachen („Du hast zugenommen") oder unfreundlichen Servicekräften und hinterhältigen Herausgebern („Ich liebe dein Parfüm") – sie tut das mit Aplomb. Wenn du ein Mädchen bist, ist Aplomb etwas, das du unbedingt brauchst: Du kannst es einsetzen, um diesen Vergewaltiger oder jenen Herausgeber zum Rückzug zu zwingen. Aplomb: Selbstvertrauen und Haltung. Sie erklärt

nicht, analysiert nicht, bittet nicht, beichtet oder jammert nicht. Sie erzählt. Ihre Transfiktion ist wie O'Haras Poesie: Ich tat dies, und ich tat das. Das ist es, was ihrer Transfiktion die Haltung gibt. Sie ist so nonchalant, so zurückhaltend bei der Erzählung ihres eigenen Lebens, dass ich denke, sie könnte eine Art Heilige sein.

Rower hatte jahrelang ohne irgendwelche speziellen Karrierestrategien vor sich hin geschrieben, aber sie wollte, dass ein Buch von ihr erscheint, und es war unwahrscheinlich, dass jemand anderes es veröffentlichen würde. Wie die meisten unabhängigen Verlage, Imprints, Zines, Blogs, Vlogs – und wie die meisten Übermittler für Ausdrucksformen in jedwedem Medium – begann *Native Agents* seine Arbeit in einer bestimmten sozialen Lage und mit Liebe, doch auch aus Rache am Status quo und an der allgemeinen Definition dessen, was und was nicht als wichtig galt. Ein paar Monate, nachdem Anns und Cookies Bücher erschienen waren, veröffentlichten wir eine Essaysammlung, die Lynne Tillman in ihrer erfundenen Rolle der „Madame Realism" geschrieben hatte. Außerdem *Hannibal Lecter, My Father,* eine Zusammenstellung unveröffentlichter früher Texte von Kathy Acker, und *Not Me,* eine Sammlung von Eileen Myles' hochnarrativen Gedichten.[5] In *An American Poem* gibt Myles bekanntermaßen vor, eine Kennedy zu sein:

[5] Vgl. Lynne Tillman, *The Madame Realism Complex*, New York 1992; Kathy Acker, *Hannibal Lecter, My Father*, New York 1992; Eileen Myles, *Not Me*, New York 1991.

Ihr seid die Neuen Amerikaner.
Die Obdachlosen streifen durch
die Straßen der besten Städte
unserer Nation: Obdachlose
Männer mit AIDS sind unter
ihnen. Ist das richtig?
Dass es kein Obdach
für die Obdachlosen gibt, dass
es keine kostenlose medizinische
Hilfe gibt für diese Männer. Und Frauen.
Dass sie mitgeteilt bekommen
– während sie sterben –,
dass dies nicht ihr Zuhause ist?
Und wie geht es euren
Zähnen heute? Könnt
ihr es euch leisten, sie behandeln zu lassen?
Wie hoch ist eure Miete?
Wenn Kunst die höchste
und ehrlichste
Kommunikationsform unserer
Zeit und eine junge
Künstlerin nicht mehr in der Lage ist,
hierher zu ziehen und über ihre
Zeit zu sprechen [...]. Ja, ich konnte das,
doch das war vor 15 Jahren,
und bedenkt – wie auch ich es tun muss:
Ich bin eine Kennedy.[6]

Nach der Veröffentlichung von fünf oder sechs dieser Bücher wurde mir klar, dass sie etwas gemeinsam

[6] Eileen Myles, „An American Poem“, in Myles, *Not Me*, S. 13–17, hier S. 15–16.

hatten. Ja, sie waren alle von Frauen geschrieben worden. Und ja, sie waren alle in der ersten Person verfasst, und sie enthielten ziemlich anschauliche, detaillierte Ausführungen über Sex. (Da all diese Narrative in der ersten Person von Frauen geschrieben worden waren, bedeutete das notwendigerweise, dass die Bücher Texte in der ersten Person über den Sex einer Frau enthielten – ein Umstand, der praktisch alles andere an den Rand drängte, doch dazu später mehr.) Was mir am wichtigsten erschien, war nicht die Gegebenheit des „Ich", sondern wie es sich durch den Text und die Welt bewegte – es war ein aktives, öffentliches „Ich", das „Ich" der Literatur des amerikanischen Realismus, von Mark Twain bis zu Melville, Burroughs, Henry Miller, Denis Johnson und Jack Kerouac. Es dauerte noch ein paar Jahre, bis ich mit dem Schreiben begann, doch zu schreiben lernte ich hauptsächlich durch die Lektüre und Herausgabe der ersten Bücher in der *Native Agents*-Reihe.

Ich gab zwölf Bücher dieser Richtung für die Serie heraus, darunter Bücher von jüngeren Autorinnen von der Westküste wie Michelle Tea, aber 2002 hatte ich den Eindruck, dass die Reihe erreicht hatte, was sie hatte erreichen wollen. Kurz darauf kam Hedi El Kholti als Mitherausgeber zu Semiotext(e). Dass Hedis Lizenzen von europäischen, queeren Autorinnen und Autoren der Zeit nach 68 erwarb, bahnte *Native Agents* einen neuen Weg. Wir veröffentlichten Bücher von Tony Duvert, Grisélidis Réal, Guy Hocquenghem und Pierre Guyotat. Als *Native Agents* sich weiterentwickelte, publizierten wir Romane von Abdellah Taïa, Mark von Schlegell und Veronica Gonzalez-Peña. Innerhalb der engen und klar umrissenen Welt der amerikanischen Belletristik vertritt *Native Agents* einen ganz eigenen Geschmack, wenngleich es uns bisher nicht gelungen ist, diesen Geschmack zu definieren. Die Bücher, die uns anziehen, sind eher konzeptionell als experimentell, eher warm als kalt, eher diskursiv als lyrisch, oft queer, nie konventionell, männlich, heterosexuell, eher autobiografisch als nicht.

***

Als *I Love Dick* im Jahr 1997, gegen Ende des ersten Veröffentlichungszyklus von *Native Agents*, veröffentlicht wurde, erfuhr das Buch eher Hohn als Lob: „ein Buch, das weniger geschrieben als ausgeschieden wurde" (*Artforum*); „ein Strom aus schmeichlerischen Liebesbriefen, dermaßen übergriffig, dass es zum Stalking in Briefform anwächst" (*New York Magazine*) etc. Worauf man am stärksten reagierte, war die Vorstellung, dass die „Privatsphäre" des Empfängers – der im Buch namenlos bleibt – verletzt worden sei.

2006, als das Buch vergriffen war, entschied Hedi, es noch einmal in einer kritischen Ausgabe herauszugeben, so hatten wir das auch schon mit einigen Texten der französischen Theorie gemacht. Eileen Myles und Joan Hawkins schrieben Essays, und seltsamerweise wurde das Buch neun Jahre nach seinem ursprünglichen Erscheinen nun als etwas gänzlich Neues aufgenommen. Dieses Mal war alles anders. Eine neue, weitgehend weibliche Leserinnenschaft begrüßte das Buch als Beispiel für ein Sich-Herausschreiben aus einem klassischen Dilemma straighter Frauen und las es als

Möglichkeit, in einer unausgewogenen Gleichung von Romanze und Dating die eigene Mitte wiederzuerlangen. Dieses Mal wurde das Buch verteidigt und nicht wegen seines „Eingriffs in die Privatsphäre" bekämpft. Eine neue Generation junger Frauen hatte diese alten Regeln uneingeschränkt verworfen.

Wie war es dazu gekommen? Eine Zeit lang sah es so aus, als verwische die Internetkultur die Grenzen zwischen professionellen und nicht-professionellen Autoren und Kritikern – ein Umbruch zugunsten der Frauen. Blogs wie Kate Zambrenos *Frances Farmer Is My Sister*, Jackie Wangs *Serbian Ballerinas*, Ariana Reiners *Tumblr* und Emily Goulds *Things I Ate That I Love* fügten sich nahtlos in thematisch eher breit aufgestellte Online-Literatur-Magazine wie *The Rumpus* und *HTML GIANT* ein. In ihrer detaillierten und aufschlussreichen Lektüre junger, weiblicher, identitätsbasierter Werke, anerkannten Wissenschaftlerinnen wie Anna Poletti und Anna Fisher die diesen Arbeiten innewohnende philosophische Selbstreflexivität und Handlungsmacht. Laut Fisher, die über die „adoleszenten Drag-Künstlerinnen" Amber Hawk Swanson, Kate Gilmore und Ann Liv Young schreibt, ist es so, dass diese Künstlerinnen

> eine adoleszente Konfrontation „performen". Anstatt *tatsächlich* adoleszente Mädchen zu sein oder sich wie solche zu verhalten, eignen sich diese Künstlerinnen die Adoleszenz an und inszenieren sie als dienliche Figur, um einen eher lose geordneten und vielgestaltigen zeitgenössischen Feminismus zum Ausdruck zu bringen, organisiert von einer taktischen

Disidentifikation mit sowohl der vom Feminismus der zweiten Welle geprägten Mutter (sowie der vorangegangenen Generation von Performance-Künstlerinnen) als auch der vom Feminismus der dritten Welle geprägten Tochter.[7]

Ich denke, in den letzten fünf Jahren gab es eine große Verschiebung in der Wahrnehmung bei jungen Frauen, vergleichbar dem Umschwung der öffentlichen Meinung zur gleichgeschlechtlichen Ehe und zur Legalisierung von Marihuana. Dieser Umschwung wurde von Grund auf vollzogen, durchdrang die gesamte Kultur, online und auf Blogs, auch die Unterhaltungsmedien und New Yorker Medienkreise.

Genau wie die Unlogik eingeschränkter Bürgerrechte für homosexuelle Paare oder das Verbot weicher Drogen lassen sich so manche Umstände des Patriarchats einfach nicht mehr hinnehmen.

Es gibt eine großartige Energie, die mit diesem Umschwung einhergeht, und sie lässt sich in verschiedenen Start-ups auf unterschiedlichen Ebenen beobachten: Sarah Nicole Pricketts *Adult*, das erste feministische Sex-Magazin, das zugleich feministisch und sexy ist, aber auch Jane Pratts *XOJane* und *Jezebel* und *The Hairpin*, wie die weiblichen Ableger zu *Gawker* und *The Awl* heißen. Jüngere Frauen wie Dayna Tortorici haben enorme redaktionelle Veränderungen beim Magazin *n+1* durchgeführt, das als eine Art Hochkulturzuleitung zum etablierteren Verlagswesen fungiert. *The*

7 Anna Watkins Fisher, „Like a Girl's Name. The Adolescent Drag of Amber Hawk Swanson, Kate Gilmore, and Ann Liv Young", in *The Drama Review* 56 (2012), H. 1, S. 49–76, hier S. 51.

New Inquiry, ein wichtiges und einflussreiches Onlinemagazin, wurde von drei Herausgeberinnen gegründet. Anna Holmes, die Gründungsredakteurin von *Jezebel*, sagte über ihr Magazin: „Wir wollten im Grunde die Art von Magazin machen, das wir selbst auch gern lesen würden."[8]

Diese feministischen Neugründungen kommunizieren weitaus mehr kulturelle Währung als die widerwillige Berücksichtigung von mehr weiblichen Inhalten in einer fast schon archaischen Publikation wie *The Atlantic*. Vor drei Jahren initiierten Emily Gould und Ruth Curry – beide sind Autorinnen und Herausgeberinnen und Redakteurinnen – eine Online-E-Book-Boutique namens *Emily Books*. Sie erinnern sich:

> EMILY: Mein Buch *And the Heart Says Whatever* war im März 2010 erschienen und hatte im Grunde nichts eingebracht. Ruth hatte ihr erstes Jahr in einem M.F.A-Programm beendet …
>
> RUTH: Ich war mir ziemlich sicher, dass ich abbrechen würde, ich hatte es einfach nur noch nicht gemacht. Ich hatte einen wirklich schlimmen Sommer. Ich hatte als Kellnerin gearbeitet und war gefeuert worden und lebte im Prinzip von der Arbeitslosenhilfe und von Kreditkarten, aber ungefähr zu der Zeit, als Emilys Buch rauskam und ich mit der Uni begann, waren E-Books ein Thema geworden.

[8] Moe, „The Five Great Lies of Women's Magazines", https://jezebel.com/the-five-great-lies-of-womens-magazines-262130 [Letzter Zugriff 5.9.2023].

EMILY: Ich erinnere mich, wie der Agent Jim Rutman zu mir sagte, dass die Hälfte der Verkäufe für *Die Tigerfrau* elektronisch waren …

RUTH: Verrückte Sache. Und die Autorin war 23, es war ihr erstes Buch und genau das, von dem man sich wünscht, dass es einer passiert. Also, *Die Tigerfrau* ist toll, aber es war nicht die Sorte von unabhängigem Buch, das uns wirklich gefiel. Zumindest im Hinterkopf hatte ich diese Idee: Ich wünschte, es gäbe einen Ort, an dem ich wirklich sehr gern einkaufen würde, der auch E-Books verkauft. Und Emily sagte: „Na ja, was, wenn wir das machen?"

EMILY: An einem Punkt wurde uns klar, dass die meisten Bücher, die wir veröffentlichen wollten, etwas gemeinsam hatten: Sie waren die Antithese zur *Tigerfrau,* zu dieser herausragend verkauften literarischen Fiktion, und zu all dem, was man uns in der Schule als „gute Literatur" beigebracht hatte.

Das erste Projekt war die elektronische Publikation von *No More Nice Girls,* Ellen Willis lange vergriffener, zur zweiten Welle des Feminismus gehörender Klassiker. Sie machten weiter mit der Veröffentlichung von Büchern von Ariana Reines, Eileen Myles, Sarah Schulman, Elena Ferrante, Meghan Daum, Sigrid Nunez, Muriel Spark und Renata Adler.

Emily Gould berichtet: „Wir hatten einfach nur die Idee, die Sorte von Büchern zu verkaufen, die wir mögen. Uns war nicht klar, was das genau bedeutete, bis wir bei fünf oder sechs Büchern angelangt waren … Wir versuchten, eine Beschreibung zu verfassen, und dachten, alles wäre besser, als das F-Wort zu benutzen. Wir wollten den Feminismus nicht als Marketing-Kategorie. Wir wollten sagen können, dass diese Bücher keine Memoiren sind, aber sie sind auch keine Romane, sie sind nicht heterosexuell, aber auch nicht queer. Sie sind feministisch, aber sie sind nicht *internet*feministisch … Ich denke, worauf es hinauslief, was wir da taten, war ganz einfach der Versuch, jedes Buch so akkurat wie möglich zu beschreiben und zu hoffen, dass es sich zu etwas entwickelt … und das dauerte ein paar Jahre."

Als ich 2012 Kate Zambrenos Buch *Heroines* für Semiotext(e) redigierte, war ich seltsam ambivalent gegenüber dem von ihr vorgebrachten Wunsch, dass das kommerzielle Verlagswesen mehr Frauen zu Genies ernenne – so wie es auch Ben Lerner und Jonathan Franzen zu Genies erhoben hatte. Die Welt der *New York Times Book Review* schien mir damals an Glanz verloren zu haben. Der intellektuelle Einsatz und die Debatten, die es in den literarischen Zirkeln in der Mitte des 20. Jahrhunderts gegeben hatte, waren, so schien mir, in die Welt der zeitgenössischen Kunst abgewandert. Derzeit tendieren die Verlagskonzerne dazu, und zwar selbst diejenigen mit einem hochliterarischen Programm, ihr Werbebudget auf zwei oder drei Titel pro Saison zu konzentrieren. Diese Bücher – Bücher, die dann niemand zu kritisieren wagt – werden für alle Medien unausweichlich. Der Rest auf der Liste könnte genauso gut von unabhängigen Verlagen oder als E-Book publiziert worden sein. Was viel wichtiger ist, ist die Position und die Leserschaft des Verfassers, der Verfasserin. Marie Calloways Erzählung „adrien brody", die sie auf ihrem eigenen Blog veröffentlichte, erregte mehr

Aufmerksamkeit in den New Yorker Verlagskreisen und darüber hinaus als so mancher Erstlingsroman.[9] Als Freunde dafür sorgten, dass die *New York Times* über eine improvisierte „Veröffentlichungsparty" von *Der kommende Aufstand* des Unsichtbaren Komitees im *Barnes & Noble* am Union Square berichtete, wurde das Buch zum Bestseller.[10] Und als die ursprüngliche Aufmerksamkeit für Marie Calloways Arbeit in eine beschämende Spott-Parade umschlug, schlugen sich Autorinnen wie Kate Zambreno, Emily Gould, Sheila Heti und Lisa Carver geschlossen auf ihre Seite, um sie zu unterstützen.

Gould schrieb:

> Warum empören uns Frauen, die keine Angst davor haben, sich zu erniedrigen, und warum finden wir so schnell oberflächliche Gründe, um sie abzutun („Sie ist verrückt", „Sie ist eine Narzisstin", „Sie ist jung", „Sie tut alles für ein bisschen Ruhm")? Ich denke, das liegt zum Teil daran, dass sie eine Bedrohung derjenigen sozialen Ordnung darstellen, die auf dem Schamgefühl der Frauen gründet, um sie entweder zum Schweigen oder dazu zu bringen, auf gesellschaftlich akzeptierte Art zu schreiben.[11]

[9] Vgl. Marie Calloway, „adrien brody", in *what purpose did i serve in your life*, New York 2013, S. 87–139.

[10] Vgl. Unsichtbares Komitee, *Der kommende Aufstand*, Hamburg 2011.

[11] Kat Stoeffel, „Meet Marie Calloway: The New Model for Literary Seductress is Part Feminist, Part ‚Famewhore' and All Pseudonymous", https://observer.com/2011/12/meet-marie-calloway/2/ [Letzter Zugriff 5.9.2023].

In einer kürzlich erschienenen Kolumne im Magazin *FRIEZE* konterkariert Lynne Tillman die Umstände, indem sie fragt: „Kann eine Frau den GROSSEN AMERIKANISCHEN ROMAN schreiben?“ Sie betont, dass schon die Vorstellung des „GROSSEN AMERIKANISCHEN ROMANS“ an sich ein Dünkel aus der Mitte des 20. Jahrhunderts ist, der aus den Kriegsromanen entstanden war. Sie schreibt: „Der ‚GROSSE AMERIKANISCHE ROMAN‘ ist ein veraltetes Artefakt: Tatsächlich nämlich ist er ein Zeitstempel, [voller] Sehnsucht [...] nach diesen guten alten Tagen, als Amerika noch der Hahn in jedem Korb war.“[12]

Nach Ansicht von Emily Gould und Ruth Curry, unbestreitbar zwei Kennerinnen der New Yorker Verlagswelt, ist die typische Leserin von *Emily Books* eine Abonnentin aus Melbourne in Australien. Elanor McInerney arbeitet als Sprechstundenhilfe, liest Bücher, bloggt über Literatur und Kultur auf http://worn-smooth.tumblr.com, außerdem reist sie. Kürzlich entschieden Gould und Curry, *Emily Books* auch dazu zu nutzen, Erstveröffentlichungen als E-Books herauszugeben. Als sie über ein noch titelloses Manuskript diskutierten, das ihnen unter einem Pseudonym eingereicht worden war, waren sie uneins. Gould las und liebte es, Curry war nicht ganz so sicher. Also schickten sie Elanor McInerney in Melbourne die Datei und gaben ihr die entscheidende Stimme: „Ja, bin dafür.“

[12] Lynne Tillman, „A Fictional Past“, https://www.frieze.com/article/fictional-past [Letzter Zugriff 5.9.2023].

KELLY LAKE UND ANDERE ERZÄHLUNGEN

> Vergesst die Südstaaten-Strategie, vergesst Blau gegen Rot und *Swing States* und *Swing*-Wähler – all diese politischen Klischees sind drollige Relikte einer sehr viel weniger bedrohlichen Zeit, die längst Teil unserer Vergangenheit ist oder dies schon bald sein wird. Der nächste Konflikt, der uns alle definieren wird, ist sehr viel beunruhigender.
>
> Dieser Konflikt wird zwischen denen ausgefochten werden, die an einem ganz bestimmten Ort leben, und denjenigen, die nirgendwo leben. Er wird ausgefochten werden zwischen Menschen, die sich als Bürger wirklicher Länder betrachten, zu denen sie eine patriotische Bindung empfinden, und zwischen Menschen, für die Nationen vollkommen bedeutungslos sind, die in einem staatenlosen globalen Archipel der Privilegien leben – in einer Ansammlung privater Schulen, Steueroasen und geschlossener Wohnanlagen mit nur wenig oder gar keiner Verbindung zur restlichen Welt.[1]

In einer der ersten Einstellungen von Dana Duffs bemerkenswertem Dokumentarfilm *The Gringas* (2013) arrangiert ein namenloser Mann auf einem trockenen, staubigen Feld am Fuße einer Bergkette kleine Heuballen im Kreis. Der Mann und seine Ballen befinden sich im Mittelpunkt der leeren Totale. Die Szene könnte in der Gegenwart spielen. Andererseits (wäre da nicht

[1] Matt Taibbi, „Greed and Debt: The True Story of Mitt Romney and Bain Capital", in *Rolling Stone*, 13. September 2012, Heft 1165, S. 42–48, 50, hier S. 50.

jene Reihe weißer Gewächshäuser aus Polymer weit im Hintergrund) könnte es sich auch um einen Kostümfilm handeln, der im 19. Jahrhundert spielt.

Die Künstlerin Duff kommt aus Los Angeles, verbringt jedoch einen Teil ihrer Zeit auf einem *Campo* im Norden von Baja California. *Campos*, kleine Bauernhöfe, die von den mexikanischen Familien verwaltet werden, denen sie gehören, sind eine alternative Form des Immobilienbesitzes in Mexiko für Ausländer. Die Bewohner kaufen ihre Häuser oder Wohnwagen, bezahlen den mexikanischen Landbesitzern jedoch eine festgelegte Miete. In *The Gringas* macht Duff sich daran, die Tage unmittelbar vor der *Quinceañera* eines amerikanischen Mädchens festzuhalten – die Tage also vor dem traditionellen *Frauwerden*, das in Teilen der hispanischen Welt am 15. Geburtstag eines Mädchens gefeiert wird. Das Mädchen im Film, Lena Davies, lebt mit ihren mittelalten Eltern in einem liegengebliebenen Hippiebus, der in den Hügeln von Ejido Coronel Esteban Cantú endgültig zum Stehen gekommen ist. Ejido Coronel Esteban Cantú befindet sich nicht weit entfernt von Duffs *Campo*, ungefähr 25 Kilometer südlich von Ensenada auf einer Halbinsel, von der aus sich die Kleinstadt Maneadero überblicken lässt. Ähnlich wie in *El Field* (2011), Daniel Rosas dokumentarischer Meditation über einen Tag im Leben einiger Arbeiter auf einem Industriebauernhof in Mexicali, und genau wie in Chantal Akermans Film *Jenseits von Sonora – Mexiko* (2002), der an der Grenze zwischen den Bundesstaaten Arizona und Sonora spielt, ist jede einzelne Einstellung in *The Gringas* so lang, dass es fast schon schmerzt. Alle drei Filme halten fest, wie die Zeit sich in den Hinterwäldern der globalen Ökonomie in die Länge zieht. Dies sind Orte, an denen Zeit und Raum nicht implodiert sind, sondern, genau wie der alte Bus der Familie Davies, zunächst immer langsamer werden, bis sie schließlich ganz zum Stillstand kommen.

Lena Davies, die in den USA geboren wurde, ist keine wirklich überzeugende *Quinceañera*. Sie hat blonde Haare und blaue Augen und das weite, offene Gesicht eines Cheerleaders aus dem amerikanischen Mittleren Westen. Sie ist gut gelaunt, athletisch und kräftig, und in ihren kurzen, abgeschnittenen Jeans, mit ihrer Halskette samt Kreuz-Anhänger und im goldenen Neckholder sieht sie aus wie ein amerikanischer Teenager, die sich herausgeputzt hat, um den Tag im Einkaufszentrum zu verbringen. Bevor der Bus, der jetzt ihr Zuhause ist, zu seinem letzten Halt kam, hatte sie die ersten acht Jahre ihres Lebens damit verbracht, zwischen lose organisierten heidnischen Zusammenkünften an der Westküste hin und her zu fahren, bei denen ihre Eltern auf einem Tisch ihre Waren anboten und auf diese Weise ihren Lebensunterhalt verdienten. Als ihr in Deutschland geborener Vater verhaftet wurde, weil er verschiedene, zum Drogenkonsum nötige Utensilien verkauft haben soll, fuhren sie Richtung Süden und meldeten Lena an einer mexikanischen Grundschule an.

Jetzt, mit 15, spricht Lena fließend Spanisch, und zwar im hier üblichen Teenie-Dialekt von Maneadero. Sie geht auf die einzige Highschool der Stadt. Maneadero hat nur zwei Straßen, die vollständig asphaltiert sind, und einen staubigen *Zócalo*, doch die Jugend der Stadt teilt sich entlang einer Grenze, die nur ihnen vertraut ist, in „Nord"-Gangs und „Süd"-Gangs auf.

Der von einem einzigen, irgendwo aufgetriebenen Solarkollektor gespeiste Bus der Familie befindet sich im Nirgendwo auf einem ungenutzten Grundstück, das dem örtlichen *Ejido* gehört, dem Gemeinderat, der landwirtschaftliche Flächen an langjährige Einwohner der Gegend vergibt. Das *Ejido*-System, das in den 1930er-Jahren unter Lázaro Cárdenas eingerichtet wurde, zielte darauf ab, es den Menschen in ländlichen Gemeinden wieder zu ermöglichen, Land zu besitzen. Seit den 1990er-Jahren wird dieses System immer wieder auf verschiedenste Weise infrage gestellt und geschwächt, doch bislang ist es noch nicht aufgehoben worden. Auf beiden Seiten des Sperrholzzaunes rund um die Parzelle der Familie Davies wohnen Saisonarbeiter in improvisierten Unterkünften, die jedes Jahr aus Oaxaca herkommen, um auf den kleinen Industriefarmen in der Gegend zu arbeiten. Um die Parzelle ihrer eigenen Familie auf ihren eigenen *Ejidos* behalten zu können, müssen sie jedes Jahr mindestens drei Monate dort verbringen, sodass sie unablässig hin- und herziehen. Ein paar Meter vom Bus entfernt reitet ein Junge auf einem Pferd die staubige Landstraße den Hügel hinauf. Ein paar Jersey-Rinder suchen nach etwas Gras. Dieser Hügelkamm befindet sich gerade einmal zweieinhalb Stunden südlich von San Diego. Die Bauernhöfe hier bauen Blumen an und die Tomaten der Marke *Los Cabos*, die man bei *Trader Joe's* kaufen kann. In einem Klagebrief, den ich im Internet gelesen habe, baten die Leiter des *Ejido* das geografische Institut der UABC (*Universidad Autónoma de Baja California*) inständig, dass es doch untersuchen möge, inwiefern sich die Gegend für den Ökotourismus eignet, „sodass wir hier nicht weggehen müssen, sondern […] unser Land behalten können".

The Gringas folgt der Familie Davies in jenen drei Tagen unmittelbar vor Lenas *Quinceañera*. Weil sie bereits die *Quinceañeras* der meisten ihrer Freundinnen besucht hat, kennt Lena sämtliche Bräuche. Ihr winziges Zimmer im überfüllten Bus ist vollgepackt mit einem alten Desktop-Computer, mit Büchern, Kleidung und Make-up. Gemeinsam mit ein paar Freundinnen, die mit ihren Familien in Maneadero leben, hat sie eine Tanzgruppe gegründet, die ihre eigenen Tanznummern entwirft. Auf Duffs Aufforderung verlässt sie den Bus, um einige ihrer Tänze vorzuführen. Mit ihren beweglichen und äußerst flüssigen Kurven ist sie wirklich erstaunlich gut. Lena hofft, dass all ihre Freundinnen aus Maneadero zur Party kommen, ist sich aber durchaus dessen bewusst, dass sie womöglich umsonst hofft. *Quinceañeras* sind große Feste, die von der Familie eines Mädchens organisiert werden – und zwar genauso sehr für ihre eigenen Bekannten wie für ihre Tochter. Doch Lenas Eltern kennen die mexikanischen Eltern ihrer Highschool-Freundinnen gar nicht. Außer ihren Eltern, Lezli und Peter, hat Lena hier ansonsten keine Familie, und ihre Eltern trinken nicht und gehen auch nicht auf Partys und sind mindestens drei Jahrzehnte älter als die Eltern der meisten anderen Teenager aus Maneadero.

An einem langen Nachmittag vor der Party, auf den weißen Plastikstühlen vor dem Bus sitzend, besprechen die Davies die *Quinceañera*. Sowohl Eltern als auch Tochter sind vertraut mit den Ritualen, von denen im Allgemeinen nicht alle strikt eingehalten werden. Die *Thanksgiving*-Messe? – Nur wenn alle Anwesenden wirklich religiös sind. Das Ehrengericht sollte aus 14 Freundinnen und Verwandten bestehen, doch es kann auch kleiner sein. Alle sind jedoch wunderschön gekleidet, haben sich die Haare machen lassen und tragen jede Menge Make-up. Und dann ist da noch die „Letzte Puppe" – *La Ceremonia de la Última Muñeca* –, wenn das Mädchen ihre Kindheit abstreift, indem sie eine winzige Puppe über ihre Schulter wirft. Lena weiß nicht, ob solche Rituale auch Teil ihrer Party sein werden. Das Wechseln der Schuhe jedoch – der Moment, an dem die *Quinceañera* auf einem Thron sitzt, während ihr Vater ihre flachen Kinderschuhe durch ein paar hochhackige Schuhe ersetzt –, das ist unabdinglich. Lenas Mutter Lezli, eine altbackene Frau in karierten Flanellhemden und grauen Sporthosen, erklärt, dass all das sehr katholisch sei. Sie und ihr Mann Peter – ein übergewichtiger, ältlicher Mann im eng anliegenden Unterhemd, der seinen ellenlangen Bart geflochten trägt – sind *Heiden*. Lezli, in deren Stimme sich noch immer eine Spur dessen finden lässt, was einst der Akzent einer privaten Mädchenschule gewesen sein mag, ist überzeugt davon, dass der Schuhwechsel Frauen degradiert. Und dennoch machen die Eltern mit – Lena zuliebe. Peter hat insgesamt 35 Einladungen auf Englisch und Spanisch verschickt. Weil es hier so üblich ist, dass die gesamte erweiterte Verwandtschaft von zehn oder mehr Menschen einer einzigen Einladung nachkommt, geht er davon aus, dass ziemlich viele Leute auftauchen werden. Zwar wird es keinen Alkohol geben, doch die Frauen werden ein paar Pfund Maismehl einweichen und kochen, um Pozole zu machen. Lena hofft darauf, dass ihre Freundin Berenice ihre *Chambelan* sein wird, also ihre offizielle Begleitung – eine Rolle, die normalerweise von einem älteren Cousin oder von einem Bruder eingenommen wird. Lezli jedoch besteht darauf, dass Peter der *Chambelan* sein soll. Immerhin ist er der *Vater*. Zum ersten Mal ziehen hier vor der Kamera Wolken über Lenas Gesicht.

Am Tag der Party kommt Lenas Halbschwester Dani, die an der Cal State L.A. studiert, herunter, um ihr zu helfen, sich fertig zu machen. Gemeinsam gehen sie zu einem winzigen Friseursalon, wo die Friseurin Lenas blondes Haar zu einer atemberaubenden Hochsteckfrisur arrangiert. Vor dem Bus bastelt Peter ein improvisiertes Zelt aus Abdeckplane zusammen. Er lädt ein paar geliehene, verstaubte weiße Plastikstühle von der Ladefläche eines Trucks ab und hängt Lichter an die Dachstangen des Zeltes. Als Lena in einem schwarzweißen und wunderschönen Trägerkleid aus dem Bus kommt, sind zwei ihrer Freundinnen bereits da.

Doch als es allmählich dunkler wird, ist noch niemand sonst gekommen. Peter und Lezli tragen dieselben Flanellhemden und Jogginghosen, die sie schon zwei Tage vorher anhatten. Bald werden sie von einem alten Kassettenrekorder mexikanische Musik abspielen. Ein paar Leute aus der Migrantensiedlung – die alle besser angezogen sind als Lenas Eltern – schweben auf der Suche nach der Party lächelnd über den Zaun. Eine kleine Gruppe Hunde jault sich durch eine Menschenansammlung. Lena tanzt, und sie umarmt ihre Freundinnen. Ihre Begeisterung darüber, dass sie nun 15 ist, übertrifft ihre Verzweiflung über die armselige Party bei Weitem. Längst ist es vollkommen dunkel. Auf der anderen Seite der Allerheiligenbucht strahlen die leuchtenden Lichter von Ensenada eine trügerische Urbanität aus.

Zwei Stunden südlich der Grenze werden wir in ein Paralleluniversum transportiert, in dem Zeit, Kultur und Raum ineinanderfallen, und das, so scheint es jetzt, allen zugänglich ist, wenn sie nur den Preis vollkommener Armut zu zahlen bereit sind.

***

Vor ein paar Monaten habe ich im *Artists Space* in New York City eine Ausstellung mit dem Titel *Radikaler Lokalismus: Kunst, Video und Kultur aus Pueblo Nuevos Mexicali Rose* mitorganisiert. Das Medien- und Kunstzentrum *Mexicali Rose* wurde 2006 von dem Filmemacher Marco Vera mitbegründet, nachdem er mit 28 aus Echo Park, L.A.s Hipster-Viertel, in seine Heimat nach Pueblo Nuevo zurückgekehrt war. *Mexicali Rose* begann als Medienwerkstatt für die Kids der Umgebung, hat sich seitdem jedoch zu etwas sehr viel Größerem entwickelt: Heute ist *Mexicali Rose* Galerie, Radiosender, Filmclub und informelles Clubhaus für Künstler von beiden Seiten der Grenze. Die Räumlichkeiten stehen Journalist*innen, Aktivist*innen, Handwerker*innen, Gangmitgliedern, Forscher*innen und Lehrer*innen aus der Umgebung offen. Leute aus der ganzen Welt waren bereits hier. Und dennoch, geografisch und existenziell wirken die Räumlichkeiten auch weiterhin vom Herzen des Arbeiterviertels *Barrio Pueblo Nuevo* hier im Grenzgebiet aus.

Mexicali liegt in der Wüste von Baja California direkt gegenüber von Calexico, einer kleinen Stadt im kalifornischen Landkreis Imperial, und ist vor allem wegen seiner Hitze bekannt. Für mindestens fünf Monate im Jahr klettern die Temperaturen hier bis auf 48 Grad. Das Stadtzentrum ist eine schartige Collage aus Säulengängen und Einkaufspassagen, aus Sexclubs und Billig-Apotheken, die von der Mauer im Norden umrahmt werden, die Mexiko von den USA trennt. Imperial ist der Ärmste von den 58 Landkreisen in Kalifornien, die Arbeitslosenquote beträgt 30 Prozent. Dennoch gehören täglich Hunderte von Durchreisenden zur Bevölkerung von Mexicali, die aus dem Süden angekommen und erst kurz zuvor wieder einmal daran gescheitert sind, die Grenze zu überqueren, oder die auf eine Möglichkeit warten, über die Mauer in die USA zu kommen. Winzige, fensterlose Bars haben die ganze Nacht lang geöffnet, und Männer mit weißen Cowboyhüten stehen auf den Boulevards herum. An sechs Tagen der Woche, wie Daniel Rosas' atemberaubende dokumentarische Meditation *El Field* aus dem Jahr 2011 verdeutlicht, überqueren mexikanische Landarbeiter in der Dunkelheit die Grenze in Bussen, die sie zur Arbeit auf den industrialisierten Großbauernhöfen des Imperial Valley transportieren. Der erste Eindruck, den Mexicali auf unkritische Besucher macht, ist: „Wie kann man hier nur leben?" Und dennoch, die Stadt inspiriert eine leidenschaftliche Loyalität in ihren Einwohnern, die sich liebevoll selbst als *Cachanillas* bezeichnen – als wilde und im Grunde unzerstörbare Wüstenpflanzen.

Der Schriftsteller und Kritiker Gabriel Trujillo Muñoz, der aus Mexicali stammt, schreibt in seinem Essay im Ausstellungskatalog:

> Von allen Grenzstädten ist Mexicali sicherlich diejenige, die am wenigsten einladend ist und die sich am wenigsten zum Niederlassen eignet. Doch was ist es dann, das diesen Ort so lebenswert für seine Einwohner macht? Wahrscheinlich die reichhaltige und so elementare Natur [...], doch auch die kulturellen Ressourcen: eine Gesellschaft der sich weitenden Horizonte, die Neuankömmlingen bemerkenswerterweise noch immer keine Hindernisse in den Weg stellt – genauso wenig wie sie sich selbst noch immer keine Ahnentafel privilegierter Gründerfamilien der Stadt aufgebürdet hat. [...] [D]ie Geschichte der Stadt wurde vor allem von ihrer Arbeiterklasse geprägt [...]. Die Menschen aus Mexicali müssen nicht daran glauben, dass sie das Zentrum des Universums sind, um psychologisch das zu kompensieren, was ihrem Zuhause als Stadt fehlt. Sie wissen, was sie haben und was sie nicht haben. [...] Wir in Mexicali lachen gern über uns selbst. [...] Sich hier in Mexicali überheblich zu geben, ist eine Form von Selbstmord[.][2]

Wir hatten die Ausstellung im *Artists Space* über ein Jahr lang vorbereitet. Dokumentarische Fotos von Rafael Veytia und Odette Barajas wurden gezeigt. Außerdem Gemälde von Pablo Castañeda, eine Installation und Zines von Juan Salcido, ein originales Wandgemälde von Fernando Méndez Corona, eine digitale Reproduktion von *Mexicali* (2012), jenem atemberaubenden

[2] Gabriel Trujillo Muñoz, „Mexicali Art, Mexicali Rose, Mexicali Now", in Chris Kraus, Marco Vera (Hg.), *Radical Localism: Art, Video and Culture from Pueblo Nuevo's Mexicali Rose*, New York 2012, S. 13–24, hier S. 13f.

Mosaik-Wandbild, das eine Künstlergruppe gemeinsam mit Arbeitern der Stadtverwaltung über einen ganzen Block hinweg auf einer heruntergekommenen Mauer im Stadtzentrum von Mexicali installiert hatte, sowie ein Dutzend Kurzfilme, die im Umkreis der Medienwerkstätte von *Mexicali Rose* entstanden waren. Die Arbeiten von Barajas und Veytia porträtierten Gangmitglieder, durchreisende Migranten, uralte Männer und Transgender-Kunstschaffende: Sujets, die, wenn sie von irgendjemandem von außerhalb fotografiert worden wären, ausbeuterisch und schmierig dahergekommen wären. Diese Fotos jedoch entstanden vor einem leuchtenden Hintergrund der Intimität. Sie vermitteln eine wirklich aufrichtige Beziehung: „Wir kennen diese Menschen". Transparente aus Julio Torres' und Dino Dincos *Mexicali Rose*-Ausstellung *Todos Somos Putos* („Wir sind alle Schwuchteln") aus dem Jahr 2011 wurden hinten in der Galerie gezeigt. In einigen Vitrinen befand sich eine Auswahl von Nachrichtenclips und Fotografien, die Sergio Haro gespendet hatte, der Journalist aus Mexicali, dessen legendäre Karriere, die „den Geschichten hinter den Geschichten" der Drogenkriege und politischen Gewalt in Baja nachspürte, in Bernardo Ruiz' Film *Reportero* (2012) nachgezeichnet wird.

Auf Spanisch meint das Wort *Cultura* nicht nur „große Kunst", sondern auch den gesamten Hintergrund und sämtliches Wissen eines Menschen. Durch die Verwendung der Begriffe *Kunst, Video und Kultur* im Ausstellungstitel wurde die Tatsache reflektiert, dass die Arbeiten der Künstler rund um *Mexicali Rose* – sogar derjenigen, die andernorts in Mexiko, in Zentralamerika und in den USA studiert und ausgestellt haben – unauflöslich mit der Geografie, Geschichte und Politik der Stadt verknüpft sind. *Kunst, Video und Kultur* signalisierte den nicht zu fassenden Wert der Kultur, der über alle kulturellen Produktionen weit hinausgeht.

Ich besuchte *Mexicali Rose* zum ersten Mal im Juli 2010 für die Eröffnungsfeier einer Gruppenschau namens *Puro Personaje* („Nur Charaktere"): eine bemerkenswerte Mischung aus Fotos, Gemälden und Skulpturen (sowohl gefundener als auch angefertigter) sowohl von professionellen als auch von Amateurkünstlern von beiden Seiten der Grenze. Familienporträts, merkwürdige, hausgemachte Pornos, die aus leer stehenden Wohnungen geplündert worden waren … Die gesamte Galerie hatte gerade erst eine Werkstätte für Frauen aus der Umgebung organisiert, die dort lernten, wie man *Albrijes* macht, jene populären indigenen weichen Figuren – Fantasietiere, die entstehen, wenn man zwei verschiedene Spezies miteinander kreuzt. Die Eröffnungsfeier begann spät und endete erst früh am Morgen. Die Leute kamen in Gruppen. Es gab Musik und Essen. Es war eher wie eine Blockparty denn eine Vernissage. Ich war vollkommen begeistert von der Art und Weise, wie viel einigen der Künstler daran lag, dass sie, obwohl ihre Eltern gelegentlich die Grenze überqueren mochten, um auf den Bauernhöfen im Imperial Valley zu arbeiten, *Mexikaner* waren, keine Chicanos. Mit Bieren in den Händen sprachen wir ohne Pause in den *Cantinas* in der Innenstadt, im Landesmuseum, wo Marco Veras Mitstreiter Israel Ortega tagsüber als Konservator arbeitete, und während wir in der Stadt herumfuhren. Das Ganze hatte etwas Ernsthaftes an sich und zeigte den deutlichen Wunsch, nicht nur Informationen zu vermitteln, sondern auch eine Erfahrung. Ein großer Teil meines Schreibens über Kunst findet im Internet statt: als luftleerer Austausch sorgfältig formulierter Meldungen und Künstlerstatements. Dies hier jedoch, genau wie all meine folgenden Besuche in Mexicali, kam mir so unbekümmert und so begierig vor wie ein studentischer Roadtrip. Was mich außer der Begeisterung für diese Künstler nach *Mexicali Rose* zog, war das Gefühl, dass dieses einzigartige Unterfangen mir wie die Erfüllung eines Wunsches vorkam, der sämtliche Zentren der internationalen Kunstwelt durchdringt und sich hier in Mexicali jedoch wie nebenbei auf eine sehr viel weniger totalisierte Art und Weise manifestierte.

***

Bewerbung für ein Stipendium der Guggenheim-Stiftung

Chris Kraus, September 2011
Kelly Lake Store, Kelly Lake, Minnesota, 2012–2013

Ich bewerbe mich mit dem Vorhaben, ein Stipendium der Guggenheim-Stiftung für den Kauf oder die Miete des heute leer stehenden *Kelly Lake Country Store* im gleichnamigen Dorf außerhalb von Hibbing in Minnesota zu verwenden. Die Wiedereröffnung dieses einst florierenden Ladens wird das Herz meines Projektes darstellen. Obwohl meine Beteiligung an dem Laden nur vorübergehend sein wird, beabsichtige ich, den Laden in ein selbstständiges, dauerhaftes Unternehmen zu verwandeln.

Wie Mike Davis' *Planet of Slums* berichtet, lebt mehr als die Hälfte der Weltbevölkerung in Großstädten. Bis zum Jahr 2070 wird die urbane Konzentration der Weltbevölkerung weit über 70 Prozent betragen.[3] Mehr als eine Milliarde Menschen leben in den Slums der Städte der Dritten Welt. Diese massive Urbanisierung findet jedoch nicht im globalen Süden statt. Dem *World Fact* der CIA zufolge sammelten sich im Jahr 2008 82 Prozent der amerikanischen Bevölkerung in Städten und Vororten. Jeden Tag leben 200 000 Menschen in den Straßen und auf den Brachflächen von Los Angeles. Mindestens 18 000 scharen sich in Downtown Los Angeles im Umkreis eines guten Kilometers in provisorischen Lagern in öffentlichen Parks und an

[3] Vgl. Mike Davis, *Planet der Slums*, Berlin/Hamburg 2007.

karitativen Tafeln, auf Bürgersteigen und in Notunterkünften. Unterdessen ist die Bevölkerung von Hibbing seit letztem Sommer um mehr als 15 Prozent auf 16 203 Einwohner gesunken. Legt man nur einen halben Kilometer nach Norden oder Süden auf einer beliebigen Autobahn irgendwo zwischen den beiden Küsten der USA zurück, kann man eine Vielzahl ähnlich sterbender oder verlassener Städte sehen.

Seit einem Jahrzehnt befindet sich ein gewisses Bewusstsein für die Entvölkerung und für den Verfall kleiner Städte überall in den USA im Zentrum meiner Arbeit als Schriftstellerin und Kunstkritikerin. Mein Roman *Torpor* (2006) beschreibt die negative Entropie, die eine kleine ländliche Stadt im Staat New York ergriffen hat.[4] In mehreren Kolumnen aus der jüngeren Zeit für *Art in America* habe ich die Rolle beschrieben, die Künstler im Prozess der Gentrifizierung/urbanen Erneuerung spielen. Als Gastkritikerin am Studiengang *Bildende Kunst* an der University of Westminster in London regte ich an, dass eine Gruppe von Master-Studierenden, die – unter der Voraussetzung, dass sie diese Summe für ein Gruppenprojekt aufwenden – 20 000 Dollar an Fördermitteln erhalten hatten, das Geld dazu benutzen sollten, Wohnimmobilien in Detroit, deren Besitzer mit ihren Zahlungen in Rückstand geraten und die nun wieder in den Besitz der Banken geraten waren, zu kaufen, instand zu setzen und zu bewohnen. Soweit ich weiß, ist dies nicht geschehen. In meinem Projekt *Kelly Lake Store* jedoch, so möchte ich vorschlagen, will ich diese Herausforderung angehen.

[4] Vgl. Chris Kraus, *Torpor*, Berlin 2015.

Seit dem Jahr 2009 miete ich jeden Sommer eine Hütte in der Nähe des Kelly Lake, um in Abgeschiedenheit zu schreiben. Dieses Dorf mit 350 Einwohnern – von denen einige in denselben Häusern wohnen, in denen sie geboren wurden – wurde im Jahr 1905 als Bergbausiedlung gegründet und unterhält bis heute ein gemeinde- und stadtgeschichtliches Zentrum, wo sich einst eine katholische Kirche befand. Als ich erstmals herkam, führte der *Kelly Lake Country Store* noch Benzin, Tiefkühlpizza und Lebensmittel, die man auch am Kiosk um die Ecke kaufen kann. Die Einwohner des Dorfes sowie Radfahrer auf dem in der Nähe gelegenen *Mesabi*-Radwanderweg kamen als Kundschaft. Im Jahr 2011 schloss der Laden und ist bislang nicht wiedereröffnet worden. Joe Terzich, der 62-jährige Sohn des ursprünglichen Besitzers des Ladens, lebt noch immer in dem beigen Haus neben dem Geschäft.

Der Stadthistorikerin Erica Larson zufolge, verkaufte Terzich, „als er den Laden noch führte, Fleisch, Äpfel und Lebensmittel. Man konnte hingehen und für ein ganzes Mittagessen einkaufen. Das Problem war nicht der *Walmart* (der im Jahr 1990 in kaum 10 Kilometer Entfernung eröffnet wurde) [...], sondern es war vielmehr so, dass die neuen Besitzer den Laden in einen *7-Eleven* umbauten. Sie rissen die Eismaschine raus und stellten digitale Tanksäulen auf. Früher war es so, dass man einfach reinging und für sein Benzin bezahlte, und Terz vertraute einem, dass man sich nur genau so viel Benzin nahm, wie man bezahlt hatte. Niemand wollte hingehen, um sich einen Instant-Cappuccino zu holen. All das, für das man früher zum Laden gegangen war, gab es dort jetzt nicht mehr."

Kleine, einheimische Geschäfte sind das Herzblut einer jeden kleineren Gemeinde. Informelle Stadtzentren, die Diners, Cafés und Coffeeshops, die die 50 Kilometer lange Route 169 zwischen Hibbing und Grand Rapids säumen, waren einst von großer Bedeutung und haben inzwischen längst Pleite gemacht.

Für *Kelly Lake Store* werde ich diese leer stehenden Räumlichkeiten mieten/kaufen und das Geschäft während des einjährigen Stipendienzeitraums führen. Studierende aus internationalen Kunst- und Theorie-M.F.A.-Studiengängen werden zur „Teilnahme" eingeladen werden, das heißt, sie werden im Rahmen bezahlter, semesterlanger Praktika im Laden arbeiten. Das Personal wird durch Einwohner des Dorfes ergänzt, die, genau wie die Praktikant*innen, den örtlichen Mindestlohn von 10 bis 15 Dollar pro Stunde bezahlt bekommen werden.

Es wird bei *Kelly Lake Store* vor allem um den Laden gehen: Wir werden Benzin, Lebensmittel, Zigaretten und andere Kiosk-Artikel verkaufen. Der Laden wird nicht als Veranstaltungsort für Kunstausstellungen oder Performances genutzt werden. Stattdessen können die Praktikant*innen und anderen Angestellten, wenn sie möchten, die Arbeit im Geschäft dokumentieren – in Fotos, Zeichnungen, Texten, Tagebüchern, Videos, Notizbüchern und Bestandsbüchern. Diese Dokumentation wird zu einem späteren Zeitpunkt womöglich ausgestellt werden. In jedem Fall wird das Hauptziel des Projekts darin bestehen, das Geschäft des Ladens ökonomisch rentabel zu gestalten und den Laden sodann, am Ende des Stipendienzeitraums, an neue, andere Besitzer*innen aus der Umgebung zu übergeben.

Mein in Kürze erscheinender Roman *Summer of Hate* beschreibt ein ähnliches Unterfangen (nämlich den Kauf, die Instandsetzung und Unterhaltung von 36 Wohnungen für Familien mit geringem Einkommen), dem ich in Albuquerque in New Mexico im Jahr 2005 nachging.[5] Seit 2004 ist das *Unsichtbare Komitee*, eine ehemals in Paris ansässige anarchistische Gruppe, in der Kleinstadt Tarnac im Limousin daheim, wo sie sowohl die einzige Bar als auch den einzigen Lebensmittelladen besitzen und betreiben.

Weil *Kelly Lake Store* praktische Alltagsgegenstände und eben keine Skulpturen aus Pappmaché zum Verkauf anbietet, lässt sich das Projekt als radikale Überarbeitung von Claes Oldenburgs (und Elaine Sturtevants) *Store Days*-Installationen aus den 1960er-Jahren betrachten. So gesehen wird *Kelly Lake Store* nämlich sowohl die Bedürfnisse unserer Zeit (das heißt, in Kelly Lake ganz spezifisch das Bedürfnis für einen Laden!) als auch einen Paradigmenwechsel in der Definition künstlerischer Praxis seit den 1960ern verhandeln.

***

[5] Vgl. Chris Kraus, *Summer of Hate*, Los Angeles 2012.

Datum: Dienstag, 25. Oktober 2011
Absender: xxxxxx@gf.org
An: ckraus@sonic.net
Betreff: Guggenheim-Ausschreibung

Liebe Frau Kraus,

ich schreibe, um Sie darüber zu informieren, dass wir nach Begutachtung Ihrer Bewerbung und der begleitenden Unterlagen Ihre Bewerbung für ein Stipendium für Projekte in den Vereinigten Staaten oder Kanada für 2012 nicht berücksichtigen können. Unsere Aktivitäten schließen die Unterstützung von Projekten wie dem Ihren nicht ein. Unsere Stipendien dienen nicht dazu, beim Kauf und bei der Unterhaltung eines Geschäftes oder sonstiger ökonomischer Betriebe zu assistieren.

Mit freundlichen Grüßen
John-Simon-Guggenheim-Gedächtnisstiftung

***

In seiner Kritik der *Documenta 13* im *New York Magazine* prägt Jerry Saltz den Begriff „Post Art", um Arbeiten zu beschreiben, für die sich „die Kunst gar nicht einmal vom Leben unterscheidet. [...] Dinge, die weniger Kunstwerke sind, als dass es bei ihnen um das Bedürfnis geht, Dinge herzustellen, die, genau wie die Kunst, die Vorstellungskraft in das Material betten und bestätigen, dass die Kreativität eine kosmische Kraft ist. [...] Es kann sein, dass ein Apotheker jeden Tag bei der Arbeit *Post Art* herstellt."[6]

Als ich letztes Jahr den M.F.A.-Studiengang für bildende Kunst an der University of California in San Diego besuchte, fiel mir auf, dass sich 70 Prozent der Arbeiten, die dort entstanden, nicht als Gemälde oder Skulpturen oder Videoarbeiten und Funktionen beschreiben ließen. Kate Clark war damals Mitgründerin von *Knowledge Commons D.C.*, einer interdisziplinären freien Schule in Washington, und sie produzierte in San Diego außerdem Piñatas auf Auftrag und nach Kundenwunsch. Sie hatte ihr „Geschäft" mithilfe von Postern und Blogs aufgebaut. „Ich benutze das Wort ‚Geschäft' deshalb in Anführungszeichen", so e-mailte sie mir später, „weil ich [es] eigentlich mehr für ein Gewerbe halte als für eine kreative Praxis." Danny Cannizzaro arbeitete an einem Roman, den er als E-Book selbst zu veröffentlichen beabsichtigte. Elmira Mohebali, die aus dem Iran stammte, lernte antikes Akkadisch, um *Gilgamesch* zu übersetzen. Thomas Moreno war dabei, die Arbeit seines Vaters in der Chicano-Bewegung der 1970er-Jahre zu archivieren, und legte nachts in verschiedenen Clubs in L.A. als D.J. auf. Gary Garay arbeitete an Musik. Der ausgebildete Architekt Rayyane Tabet, der aus dem Libanon stammt, bereitete ein ambitioniertes Projekt vor, das der vergessenen Geschichte der Transarabischen Pipeline nachging. Er ist seitdem nach Beirut zurückgekehrt, um das Projekt zu vollenden und schließlich auszustellen.

6 Jerry Saltz, „A Glimpse of Art's Future at Documenta", in *New York Magazine / vulture.com* 16.6.2012, http://whtsnxt.net/134 [Letzter Zugriff 5.9.2023].

Jerry Saltz über die „Post Art“: „Ich liebe diesen Gedanken. [...] Dinge, die sich nicht in alte Kategorien zwängen lassen, verkörpern mitreißend kreative Formen, die dazu in der Lage sind, Bedeutungen und Veränderungen in sich zu tragen und zu kommunizieren.“[7]

Doch welche Art von Bedeutungen, welche Veränderungen? Eines der großen Handicaps der Kunstkritik ist ihre Unfähigkeit, über ihren unmittelbaren Kontext und ihre eigene Sprache hinauszusehen. Warum sollten junge Menschen sich für ein Studium der bildenden Kunst einschreiben, um Lehrer und Übersetzer, Romanautoren, Archivare und Kleinunternehmer zu werden? Eindeutig deshalb, weil solche Tätigkeiten in unserer Kultur derart degradiert und vernachlässigt worden sind, dass sie einzig und allein im Rahmen des verschlüsselten und doch beliebig dehnbaren Diskurses der zeitgenössischen Kunst wirklich eine Rolle spielen können.

Als das lose Netzwerk aus Untergrundkinos und Film- und Video-Werkstätten in den 1990er-Jahren zu verkümmern begann, migrierte die Dokumentar- und nicht-narrative Filmszene in die Kunstwelt. Filme und Videos, die zuvor in der Welt des Untergrundkinos produziert und ausgestellt worden wären, wurden nun zu einem Teil der „künstlerischen Praxis“ umdefiniert. William E. Jones, Laura Parnes, Andrea Bowers, *Bernadette Corporation*, Sung Hwan Kim und zahllose andere machen Filme, die es eigentlich erfordern, dass wir sie uns immer wieder und unablässig ansehen, obwohl sie nur in Museen und Galerien gezeigt werden. Solche Arbeiten werden von der bewussten Produktion von

[7] Ebd.

Artefakten getragen: Zeichnungen, Standfotos, Multiples und andere Objekte. Weil sie mehr im Kontext der Karrieren dieser Künstler betrachtet und diskutiert werden als in Hinsicht auf ihre Bedeutung und auf ihren Inhalt, mussten diese Filme für eine solche limitierte Sichtbarkeit mit ihrer Unbeständigkeit bezahlen.

Während die „Belletristik“ sich als Genre zurückgebildet hat auf eine Form, der nur mehr handwerklich gelungene, zugängliche Geschichten angehören, waren ähnlich auch die Schriften von Josef Strau, Moyra Davey, Mark von Schlegell sowie zahlloser anderer dazu gezwungen, nicht länger als Bücher zu existieren, sondern als Bestandteile von Installationen sowie in Kunstkatalogen. Harry Mathews, Mitglied der Gruppe *Oulipo* und wohl einer der wichtigsten amerikanischen Dichter seiner Generation, spricht im jüngsten Ausstellungskatalog des Künstlers Nikolas Gambaroff mit Jim Fletcher, Mitglied von *Bernadette Corporation*, über seine Arbeit.

Als die Künstler Amy Lien und Enzo Camacho (die in New York beziehungsweise Manila leben) sich mit der wachsenden Subkultur der „Callcenter-Massen“ in Camachos Heimatstadt Manila auseinandersetzen wollten, schufen sie eine Kunstinstallation. Lien erklärt in einer E-Mail:

> Diese Callcenter haben sich zu „Kommunikationsmühlen“ entwickelt, die die philippinischen Dienstleistungsreserven (Freundlichkeit, Höflichkeit, gute Englischkenntnisse, soziale Vertrautheit mit amerikanischer Popkultur) in virtuelle Vorzüge verwandelt haben. Die Callcenter-Angestellten, die normalerweise sehr jung sind und ein relativ angemessenes Einkommen ver-

dienen, stürmen spätabends und am Wochenende die Clubs und Bars und sind weithin für ihr wildes und sexuell promiskes Verhalten bekannt. Gerüchte machen die Runde. Weil von vielen Angestellten erwartet wird, dass sie lange Schichten zu ungewöhnlichen Zeiten arbeiten (um sich nach den amerikanischen Zeitzonen richten zu können), befinden sich in vielen dieser Callcenter Schlafräume, von denen man annehmen kann, dass hier gecruised wird und dass es hier zu Skandalen kommt. Wir haben uns vorzustellen versucht, wie diese Wissensübertragung, wie diese Indoktrinierung kultureller Unterschiede funktioniert – nämlich durch ziemlich merkwürdige Mantras, die in Callcenter-Training-Workshops eingetrichtert werden („Es gibt Amerika, und es gibt den Rest der Welt", „Amerikanern geht es mehr um Fakten als um Gefühle" etc.). Aufgrund der gemeinsamen Kolonialgeschichte der Philippinen und der USA und aufgrund der bis heute vorherrschenden soft-kolonialen Verwaltung des politischen und ökonomischen Kurses der Philippinen sind die USA hier wie ein Traum – allgegenwärtig in jedem einzelnen in Manila gelebten Moment.

Perverserweise wurde, während ich dies hier schreibe, die philippinische Nachrichtenagentur *Journatic*, die „lokale Inhalte" an US-amerikanische Zeitungen „outgesourced" hat, desavouiert, weil sie frei erfundene Verfassernamen verwendet haben soll. In L.A. gehören zum Stab eines führenden Business-Spionagebüros ehemalige Investigativreportern und Kriegskorrespondenten, die bereits Pulitzer-Preise gewonnen haben. Ist es denn eine solche Überraschung, dass Camacho und Lien sich dafür entschieden haben, ihre Recherchen in visuelle Metaphern zu verwandeln – in Fotografien und Installationen, die in einer Galerie gezeigt werden können? *Es existiert ein außerordentliches Verlangen danach, die Welt zu kennen* ... Ein Verlangen, das mir größer zu sein scheint als die Auseinandersetzung mit den intrinsischen formalistischen Fragen der bildenden Kunst. Lien e-mailte mir: „Ich habe das Gefühl, dass ich diese Auseinandersetzung mit den Philippinen wirklich brauche, um zu vermeiden, dass ich, während ich in New York lebe und arbeite, vollkommen zynisch werde." So marktorientiert sie jedoch auch sein mag, die zeitgenössische Kunst ermöglicht Arbeiten, die zuvor noch allenfalls im Rahmen geisteswissenschaftlicher Disziplinen entstanden wären, die sich längst kurz vorm Aussterben befinden – so wie das antike Akkadisch.

Es ist nicht länger angemessen, sich auf die heutige Generation junger Künstler je nach ihrer Nationalität zu beziehen. Stattdessen wurden sie in Griechenland oder in Estland *geboren*, in Australien oder in Südafrika, von wo aus sie mit 18 oder 19 oder in ihren frühen Zwanzigern in internationale Städte aufgebrochen sind, um ihre Karrieren zu starten. Konsequenterweise ist die Vorstellung einer nationalen Kunst zu einer Anomalie geworden, die sich heute nur mehr an Orten wie Mexicali finden lässt. Die Geschichte der internationalen zeitgenössischen Kunst ist eine Geschichte der Entortung.

Der in Südkorea geborene Künstler Sung Hwan Kim, der heute in Berlin lebt, kehrte nach Seoul zurück, um dort *Summer Days in Keijo* (2007) zu drehen, einen kaum 20-minütigen Film, in dem eine holländische Frau durch verschiedene, kurz vor dem Abriss stehende architektonische Projekte aus der Mitte des 20. Jahrhunderts spaziert, während sie im Off einen schwedischsprachigen ethnografischen Text über Korea aus dem Jahr 1937 vorliest. Der in Griechenland geborene, heute in Berlin lebende Künstler Yorgos Sapountzis inszeniert strukturelle Interventionen an den historischen Wahrzeichen der Stadt und nimmt sie auf Video auf. In einem unveröffentlichten Gespräch erklärt er: „Als ich nach Berlin zog, wusste ich nicht, wen diese öffentlichen Skulpturen darstellten. Ich wusste nur, dass sie für irgendjemanden von Bedeutung sein mussten. Andererseits, ich besuchte diese Skulpturen wahnsinnig gerne und fragte mich immer wieder: ‚Warum stehen die hier? Werden Sie immer hier sein?'" In New York legte die in Neuseeland geborene Künstlerin Kate Newby eine ultramarinblaue Plastikkugel in ein Loch im Asphalt auf der Grand Street, die sie dann fotografierte (*Grand St.*, 2012). Mit ihrer Tränen- oder Tabletten-ähnlichen Form passt die Kugel perfekt in diesen Ruheort – ein winziger industrieller Leichnam in einem engen Sarg. In einer E-Mail schreibt Newby:

Auf der Straße: Pfützen, Pflaster, fallende Steine
Inneneinrichtungen
Gefühle und Erfahrungen

Würde ich ein paar Anregungen machen, so würde ich sagen ... nun, Pfützen sind mir im Moment wichtig. Genauso wie Plastiktüten, die sich in Bäumen verfangen haben. Wohl Vorkommnisse oder Situationen rund um mich herum, die banal scheinen.

***

In Ruben Marrufos kurzem Dokumentarfilm *Aquí Seguimos* („Hier machen wir weiter", 2012), der einen Teil des Videoloops in der Ausstellung *Mexicali Rose* ausmacht, trifft sich eine Gruppe von *Locos* (oder Kiffern) in ihren Fünfzigern spätabends auf einem verwüsteten Dorfplatz, um ein enormes Mosaik-Wandbild zu schaffen. Wir befinden uns in Estación Delta, ungefähr 45 Kilometer südöstlich von Mexicali. Einst lebten in diesem Dorf 5278 Menschen, bevor es innerhalb nur eines Jahrzehnts auf eine Handvoll Einwohner zusammengeschrumpft ist. Einige gingen weg, als ihre Häuser im Jahr 2010 von einem Erdbeben zerstört wurden. Andere zogen nach Mexicali oder in die USA, um nach Arbeit zu suchen.

Das Ziel der Wandmaler ist kein geringeres, als ihre Stadt zurückzugewinnen. Sie tragen Sweatshirts, Kapuzenpullover und Baseballkappen, sie sehen ganz genau wie jene Tagelöhner aus, die man morgens vor jedem amerikanischen Baumarkt stehen sehen kann. Ein paar Frauen sowie ein Kleinkind, das in einem weißen Plastikstuhl wie vor dem Bus in Duffs *The Gringas* sitzt, haben sich dazugesellt. Mit Eimern voll frischem Zement in den Händen sprechen die Männer mit dem Regisseur, der sich abseits der Kamera befindet:

– „Erzähl ihm die Geschichte mit der Bank."
– „Erzähl du sie ihm doch, Kollege."
– „Nein, komm schon, erzähl ihm von Rafael Martinez und all den *Locos* …"
– „Als hier der erste Hinterhof gebaut wurde, waren wir hier, um ihn zu bauen …"

Als die Kamera sich zurückzieht, sehen wir dieselbe Ansammlung von niedrigen Stuckhäusern, die sich auch in jeder anderen Stadt im nördlichen Baja finden lassen.

– „Mit all den Bauarbeitern, den Garnicas."
– „Nun, ein paar von denen sind schon tot, mögen sie in Frieden ruhen. Aber wir sind noch da. Mühen uns ab, diese Stadt zurückzubringen, die wir so sehr brauchen."

Während sie arbeiten, erinnern sich die Männer an die Partys von damals.

– „Ziemlich gute Zeit."
– „Aber als sie damals alles nach Ejido Nuevo León verfrachtet haben, begann Estación Delta herunterzukommen. Sie haben die Bank dort hingebracht, und sie wollten auch die Polizei hinbringen, was sie letztlich doch nicht gemacht haben. Sie haben die Sparkasse hingebracht und auch die andere Bank, die hier war ... Und sie wollten auch noch die Post hinbringen ... Die hätten die ganze Stadt komplett brachliegen lassen ..."
– „Gut, dass das nicht passiert ist."
– „Und wir sind hier."

Es wird Nacht. Immer mehr Spiegelglasscherben sowie fachmännisch zurechtgeschnittene bunte Kacheln sind fest zementiert worden, und das Wandbild nimmt Form an: eine riesige gelbe Weizenähre; ein Mann mit einer Gitarre, der – gerahmt von bunten Bögen – ein Kind durch ein Feld führt; ein leuchtend weißer Traktor. Klemmlampen hängen an Verlängerungskabeln. Die Männer stehen um ein offenes Feuer, reichen einen Joint herum, und der Anführer, der Chopo heißt, singt einen echten *Narcocorrido*, eine Drogenballade.

– „Verdammt, es ist so scheiße kalt!"

Einst war er Mariachi, heute arbeitet er im Bahnbetriebswerk.

– „Willst du dir die Hände waschen?"
(Er schüttet Wasser aus einer Plastikmilchpackung.)
„Dieses Scheißding fühlt sich an wie Eis."
– „Schütt' weiter, Kumpel."
– „Ich wünschte, es wäre so im Sommer."

Marrufos Film wurde vom örtlichen Kulturbüro der *Partido Revolucionario Institucional* (PRI) in Auftrag gegeben, die dem Vernehmen nach mit dem Ergebnis nicht sehr glücklich war.

– „Verdammte Scheiße."
– „Ich glaube, du wäschst dich ja nicht einmal, Mann!"
– „Dieser Schlag ist mir direkt ins Herz gefahren. Er hat mich erinnert an ..."
– „Du wirst in genau dieselbe Hood zurückkehren, in der du geboren bist."

Am späten Abend ist das Wandbild im Grunde fertig. Eine strahlende Sonne, geformt wie ein Fächer, brennt auf gezackte Hügel nieder. Bänke und Pflanzenkübel aus Beton sind mit Mosaik-Gänseblümchen überzogen. Als die Kamera sich zurückzieht, sehen wir diese agrarischen Szenen gerahmt von Schwaden aus Mosaik-Vorhängen, als wäre das alles auf dem Proszenium eines Theaters inszeniert worden. Dies sind die schönsten Momente im Dorf: ein Prototyp einer Vergangenheit, die es vielleicht nie gegeben hat, in emotionale Erinnerungen idealisiert.

In der letzten Szene des Films begegnen wir Chopo am nächsten Tag bei der Arbeit auf dem flachen, staubigen Bahnbetriebsgelände.

Ohne Gemeinschaft keine gemeinschaftliche Kunst. Marco Vera beschreibt seine Arbeit mit *Mexicali Rose* als ein Handeln, „das aus der Notwendigkeit eines kulturellen Austausches entstanden ist, der insgeheim nicht nur in Mexiko vorhanden ist, sondern auf beiden Seiten der Grenze, wodurch er eine kulturelle und persönliche Verbindung schafft".[8] Es gibt keine kommerziellen Galerien in Mexicali. Die Künstler der Stadt sind angewiesen auf Museumsausstellungen, auf Sammler aus der Umgebung, auf Aufträge für Wandgemälde und auf Kontakte zu Galerien auf der anderen Seite der Grenze. Anstatt woanders hinzugehen, haben sie sich entschieden, eine Art radikalen Lokalismus zu praktizieren. Aus Mexiko-Stadt verbannt, wo die Künstler ins internationale Netzwerk eingewoben sind, sind sich die Künstler aus Mexicali der Möglichkeiten bewusst, die sich ergeben, wenn sie unter sich bleiben und sich für ein alternatives Ethos einsetzen.

[8] Chris Kraus, „Radical Localism", in Kraus, Vera, *Radical Localism*, S. 1–11, hier S. 11.

NACHBEMERKUNG DER ÜBERSETZER*INNEN

Ehrgeiz, Demut, Glück – seit über dreißig Jahren kreist Chris Kraus' literarisches und kritisches Werk um diese Koordinaten. Sei es in ihren zahlreichen Essays zur Kunst, in denen es immer auch um die Kunst der Freundschaft geht. Sei es in ihren Romanen, den Herausgaben und biografischen Texten vor allem über viele befreundete Schriftsteller*innen und Künstler*innen. Oder sei es in ihrer Arbeit als Verlegerin und Förderin: Immer geht es bei Kraus um das unbedingte Streben, aus dem Wenigsten das Meiste zu machen – und um die zähe Überzeugung, selbst den widrigsten Umständen dieses Meiste tatsächlich abringen zu können. Ehrgeiz. Den wenigsten ihrer Figuren nämlich war es vorherbestimmt gewesen, dass nur irgendwer über sie nachdenkt, gar über sie schreibt, und die Wenigsten hätten sich wohl gewundert, wären sie in dieser Welt aufgetaucht und ungesehen und ungehört wieder verschwunden, ohne eine nennenswerte Spur zu hinterlassen. Da sind die Teilnehmenden an der *Sex Workers' Art Show Tour*, die gegen Ende der Nullerjahre durch die USA zieht und die Konturen dessen, was als Kunst akzeptiert wird, dauerhaft neu zu zeichnen hilft. Lorelei Lee, Krylon Superstar und The World Famous *BOB* sind Außenseiter*innen – als Künstler*innen genauso wie als Sexarbeiter*innen. Durch Kraus' empathische Reportage kommt ihnen unerwartete, unverlangte Breitenlegitimität zu, fügt sich die Mechanik der Sexarbeit als kulturelle Praxis in die Kunst- und Literaturgeschichte ein und finden diese Außenseiter*innen in der Geschichtsschreibung ein Zuhause.

Demut. Die meisten der Figuren in Kraus' Essays halten – freiwillig oder unfreiwillig, immer entschlossen – an ihren Ursprüngen fest oder kehren in die vernakulare Landschaft zurück, aus der sie hervorgegangen sind. Beispielsweise Marco Vera, Künstler und Filmemacher, der sich nach vielen Jahren in Los Angeles auf das große Glück besinnt, in die mexikanische Wüstenprovinz zurückkehren zu dürfen. Den Menschen daheim im staubigen Mexicali lässt Vera – als archetypischer Held – die Erkenntnisse seiner Abenteuerreise durch die weite Welt als Geschenk zukommen: Unweit der US-amerikanischen Grenzmauer gründet er ein Kulturzentrum und eine kommunale Kunstschule, die alle im *Barrio* anspricht und alle mit einschließt.

Glück bei Kraus ist immer flüchtig, lässt sich allenfalls im Alltag und in Details finden, wird meist übersehen. Bei der allerersten Ausstellungseröffnung der Galerie *Tiny Creatures* ist im Grunde nur jene Handvoll von Freund*innen anwesend, die die Ausstellung kuratiert haben. Drei entfernte Bekannte schneien herein, ansonsten kommt niemand. Tanzend, musizierend, trinkend verbringt die Gruppe die Nacht – Pläne schmiedend, ohne groß zu planen. In der kurzen Geschichte der später so erfolgreichen Galerie wird sich dieser erste und wohl glücklichste Moment nie auch nur kurz festhalten oder wiederholen lassen.

Vor allem aus Gründen der Aktualität ist die vorliegende Auswahl auf Texte beschränkt, die im Original zuvor in den beiden jüngsten Essay-Sammlungen der

Autorin erschienen waren, *Social Practices* (2018) und *Where Art Belongs* (2011). Diese Auswahl ist nicht für Kraus' essayistisches Gesamtwerk repräsentativ – dafür sind ihre Themen insgesamt zu vielfältig. Alle sechs Texte jedoch, obwohl sie sich gelegentlich überschneiden, vermitteln Eindrücke aus verschiedensten Blickwinkeln in Kraus' lebenslange Auseinandersetzung mit den Rändern der Kunstwelt und mit den Verhältnissen, die darüber entscheiden, wer warum an diese Ränder gebannt ist – oder zum Zentrum Zugang hat. Wie so vielen ihrer Essays ist auch diesen sechs zu verdanken, dass in den vergangenen Jahren nicht nur diese Kunstwelt ganz anders über solche Verhältnisse nachzudenken gelernt hat.

Für ihre Hilfe, Unterstützung, Erläuterungen, Ratschläge und Geduld danken wir Paul Gellman, Hedi El Kholti, Robert Dewhurst, Janet Kim – und Chris Kraus.

NACHWEISE

„Ehrgeiz, Demut, Glück" erschien ursprünglich unter dem Titel „Ambition, Humility, Happiness" als Pamphlet in Begleitung der Ausstellung *The Shelf Project*, kuratiert von Hedi El Kholti and Chris Kraus für das Zentrum für Zeitgenössische Kunst in Vilnius, 2015; erneut erschienen unter dem Titel „Ambition, Humility, Happiness" in: Chris Kraus, *Social Practices*, New York: Semiotext(e) 2018, S. 271–278.

„Du bist herzlich eingeladen, das letzte winzige Geschöpf zu sein" erschien ursprünglich unter dem Titel „You Are Invited to Be the Last Tiny Creature" in: Chris Kraus, *Where Art Belongs*, Los Angeles: Semiotext(e) 2011, S. 9–43.

„Freier machen" erschien ursprünglich unter dem Titel „Trick" in Annie Oakley (Hg.), *Working Sex: Sex Workers Write About a Changing Industry*, Seattle 2007, S. 41–51; erneut erschienen unter dem Titel „Trick" in: Chris Kraus, *Social Practices*, New York: Semiotext(e) 2018, S. 17–24.

„Umweg" erschien ursprünglich unter dem Titel „Detour" in Chris Kraus, *Where Art Belongs*, Los Angeles: Semiotext(e) 2011, S. 87–96.

„Die neue Ordnung" erschien ursprünglich unter dem Titel „The New Universal" in *Sydney Review of Books*, 17. Oktober 2014; erneut erschienen unter dem Titel

„The New Universal“ in: Chris Kraus, *Social Practices*, New York: Semiotext(e) 2018, S. 85–94.

„Kelly Lake und andere Erzählungen“ erschien ursprünglich unter dem Titel „Kelly Lake Store and Other Stories“ als Leseheft, herausgegeben von Stephanie Snyder, Portland 2013; erneut erschienen unter dem Titel „Kelly Lake Store and Other Stories“, in: Chris Kraus, *Social Practices*, New York: Semiotext(e) 2018, S. 101–118.

BIBLIOGRAFIE

Acker, Kathy, *Hannibal Lecter, My Father*, New York: Semiotext(e) 1992.

Addams, Jane, *Zwanzig Jahre sozialer Frauenarbeit in Chicago*, München: C. H. Beck 1913.

Berger, John, *SauErde. Geschichten vom Lande,* Frankfurt am Main: S. Fischer 1982.

—*Sehen. Das Bild in der Welt der Bilderwelt*, Frankfurt am Main: S. Fischer 2016.

Berni, Alessandro, „‚I'm not running away from New York just because I'm dying.' Face to face with Gary Indiana", https://artefuse.com/2014/01/07/im-not-running-away-from-new-york-just-because-im-dying-face-to-face-with-gary-indiana/ [Letzter Zugriff 5.9.2023].

Bode, Barbara, *No Bells to Toll. Destruction and Creation in the Andes*, New York: Scribner 1989.

Bowles, Jane, *Zwei sehr ernsthafte Damen*, Berlin: Wagenbach 2001.

Calloway, Marie, „adrien brody", in *what purpose did i serve in your life*, New York: Tyrant Books 2013, S. 87–139.

Davis, Mike, *Planet der Slums*, Berlin/Hamburg: Assoziation A 2007.

Duvert, Tony, *Journal d'un innocent*, Paris : Les Éditions de Minuit 1976.

Firestone, Shulamith, *Frauenbefreiung und sexuelle Revolution*, Frankfurt am Main: S. Fischer 1987.

—„Geflickt", in Firestone, *Airless Spaces. Portraits*, Wien: Turia & Kant 2019, S. 73–75.

Fisher, Max, „When the Campus PC Police Are Conservative: Why Media Ignored the Free Speech Meltdown at William & Mary“, https://www.vox.com/2015/11/11/9715194/college-speech-censorship/ [Letzter Zugriff 5.9.2023].

Fisher, Anna Watkins, „Like a Girl's Name. The Adolescent Drag of Amber Hawk Swanson, Kate Gilmore, and Ann Liv Young“, in *The Drama Review* 56 (2012), H. 1, S. 49–76.

Hennings, Emmy, „Morfin“, in Hennings, *Gedichte*, Göttingen: Wallstein 2020, S. 23.

Klossowski, Pierre, *Lebendes Geld*, Wien: Turia & Kant 2018.

Kraus, Chris, *Torpor*, Berlin: b_books 2015.

—*I Love Dick*, Berlin: Matthes & Seitz 2015.

—*Summer of Hate*, Los Angeles: Semiotext(e) 2012.

—„Radical Localism“, in Richard Birkett und Amy Lien (Hg.), *Radical Localism: Art, Video and Culture from Pueblo Nuevo's Mexicali Rose*, New York: Artists Space 2012, S. 1–11.

Lotringer, Sylvère, Giancarlo Ambrosino (Hg.), *David Wojnarowicz. A Definitive History of Five or Six Years on the Lower East Side*, New York: Semiotext(e) 2006.

Meunier, Karolin, *Return to Inquiry*, Maastricht: Jan van Eyck Academie 2012.

Michaux, Henri, *Unseliges Wunder. Das Meskalin*, München: C. Hanser 1986.

Moe, „The Five Great Lies of Women's Magazines“, https://jezebel.com/the-five-great-lies-of-womens-magazines-262130 [Letzter Zugriff 5.9.2023].

Mueller, Cookie, *Walking Through Clear Water in a Pool Painted Black*, New York: Semiotext(e) 1990.

Muñoz, Gabriel Trujillo, „Mexicali Art, Mexicali Rose, Mexicali Now“, in Chris Kraus, Marco Vera (Hg.), *Radical Localism: Art, Video and Culture from Pueblo Nuevo's Mexicali Rose*, New York: Artists Space 2012, S. 13–24.

Myles, Eileen, „An American Poem“, in Myles, *Not Me*, New York, S. 13–17.

—*Not Me*, New York: Semiotext(e) 1991.

Rower, Ann, *If You're a Girl*, New York: Semiotext(e) 1990, S. 13.

Saltz, Jerry, „A Glimpse of Art's Future at Documenta“, in *New York Magazine/vulture.com 16.6.2012,* http://whtsnxt.net/134 [Letzter Zugriff 5.9.2023].

Stoeffel, Kat, „Meet Marie Calloway: The New Model for Literary Seductress is Part Feminist, Part ‚Famewhore‘ and All Pseudonymous“, https://observer.com/2011/12/meet-marie-calloway/2/ [Letzter Zugriff 5.9.2023].

Taibbi, Matt, „Greed and Debt: The True Story of Mitt Romney and Bain Capital“, in *Rolling Stone*, 13. September 2012, Heft 1165, S. 42–48, 50.

Tillman, Lynne, *The Madame Realism Complex*, New York: Semiotext(e) 1992.

—„A Fictional Past“, https://www.frieze.com/article/fictional-past [Letzter Zugriff 5.9.2023].

Unsichtbares Komitee, *Der kommende Aufstand*, Hamburg: Edition Nautilus 2011.

Waters, John, „Introduction“, in Amy Scholder (Hg.), *Ask Dr. Mueller. The Writings of Cookie Mueller*, New York/London: Serpent's Tail 1997, S. xi–xiii.

IMPRESSUM

Ehrgeiz, Demut, Glück erscheint im August Verlag. Der August Verlag ist ein Forum für Theorie im Schnittpunkt von Philosophie, Politik und Kunst. Seit 2021 ist der August Verlag ein Imprint von Matthes & Seitz Berlin.

August Verlag
august@augustverlag.de
www.augustverlag.de

Erste Auflage Berlin 2024

Gestaltung: Selitsch Weig
Druck: GGP Media GmbH, Pößneck

Die Deutsche Nationalbibliothek verzeichnet diese Publikation in der Deutschen Nationalbibliografie; detaillierte bibliografische Daten sind über http://dnb.d-nb.de abrufbar

Printed in Germany

ISBN 978-3-7518-9015-1